Guttentagsche Sammlung
Nr. 4. Preußischer Gesetze. Nr. 4.
Textausgaben mit Anmerkungen.

Gebührenordnung für Notare

vom 28. Oktober 1922 (GS. 404)

nebst den einschlägigen Vorschriften des

Preußischen Gerichtskostengesetzes

vom 28. Oktober 1922 (GS. 363)

beide in der Fassung des Gesetzes vom 12. April 1923 (GS. 107) und der Verordnungen vom 18. Dezember 1923 (GS. 556) sowie vom 28. Juni 1924 (GS. 573).

Erläutert von

Julius Rausnitz,
Geheimen Justizrat, Rechtsanwalt beim Kammergericht.

Sechste, umgearbeitete Auflage.

Berlin und Leipzig 1925.

Walter de Gruyter & Co.
vormals G. J. Göschen'sche Verlagshandlung / J. Guttentag, Verlagsbuchhandlung / Georg Reimer / Karl J. Trübner / Veit & Comp.

Aus dem Vorwort zur fünften Auflage.

Diese fünfte Auflage ist völlig umgearbeitet. Das neue Gesetz vom 17. Februar 1917 ist ebenso wie die Rechtsprechung bis zum Tage des Abschlusses der Arbeit berücksichtigt. Neben den großen, ausführlichen, von Jahr zu Jahr umfangreicher werdenden Werken scheinen mir kleine, kurzgefaßte, aber möglichst vollständige Handkommentare für den täglichen Gebrauch des Praktikers dringend nötig. Ich habe versucht, einen derartigen Kommentar zu verfassen, der dem Notar und dem sich mit den Notariatsgebühren beschäftigenden Richter als Hilfsmittel bei ihren laufenden Arbeiten dienen soll.

Die jetzt vorliegende Gebührenordnung für Notare beruht auf dem Gesetze vom 25. Juni 1895 und ist nur gleichzeitig mit den in ihr angezogenen Vorschriften des Preußischen Gerichtskostengesetzes vom gleichen Tage verständlich. Beide Gesetze sind zuerst durch Art. 86 des PrAG. z. BGB., Art. 30 des PrAG. z. GBO. und Art. 134, 135 des PrFGG. abgeändert. Eine zweite Abänderung beider Gesetze ist durch das Gesetz vom 25. Juli 1910 (GS. 137 und 181) erfolgt, worauf sie als Gesetze am 25. Juli 1910 (GS. 185) neu publiziert worden sind. Eine letzte, allerneueste Abänderung ist durch das Gesetz vom 17. Februar 1917 (GS. 17) erfolgt.

Rausnitz.

Vorwort zur sechsten Auflage.

Die Gesetze vom 28. Oktober 1922 und die sich daran anschließenden Gesetze und Verordnungen bedeuten zwar keine grundlegende Veränderung der Kostengesetze. Es ist im Prinzip alles beim alten geblieben, so daß immer noch Kommentare zu ihnen nötig sind. Kostengesetze müssen so einfach sein, daß ihr Text ohne jede Erläuterung verständlich ist. Aber es sind zahlreiche einzelne Veränderungen, hauptsächlich infolge der Zeitverhältnisse, getroffen, so daß eine gründliche Neubearbeitung des eine Zeit lang vergriffen gewesenen Buches notwendig war.

Ich habe noch die Goldmark als Grundlage nehmen müssen, da eine Umstellung der in den preußischen Gesetzen befindlichen Markbezeichnungen noch nicht erfolgt ist.

Seit dem 31. Oktober 1922 hat keine Kodifikation der Nachträge zu diesem Gesetze stattgefunden. Ich habe es vorgezogen, die Änderungen in den Gesetzestext einzufügen, was ohne jedes Mißverständnis leicht ausführbar war, und nicht zunächst den nicht mehr geltenden Text zu bringen und dann darunter zu vermerken, daß nicht mehr dieser, sondern die jedesmalige, oft sehr erhebliche Abänderung gilt.

Rausnitz.

Inhaltsübersicht.

Abkürzungen.

AbgH. StB. . . . . . Stenographische Berichte über die Verhandlungen des Hauses der Abgeordneten während der II. Session der 18. Legislaturperiode. 1895.

AG. . . . . Ausführungsgesetz.

Bartscher . . . . . . Bartscher, Drinnenberg, Wenz, Preußisches Gerichtskostengesetz und Gebührenordnung für Notare. 4. Aufl. 1913.

Brathuhn . . . . . . Pietsch, jetzt Brathuhn-Grassow, Die preußischen Kostengesetze für die Justizbehörden usw. 3. Aufl. 1911.

Begr. . . . . Begründung zu dem Entwurf einer Gebührenordnung für Notare. (Drucksachen des Hauses der Abgeordneten. 18. Legislaturperiode, II. Session. 1895. Nr. 8.)

Begr. AG. z. BGB. . Begründung zu dem Entwurf eines Ausführungsgesetzes zum Bürgerlichen Gesetzbuche. (Drucksachen des Hauses der Abgeordneten. 19. Legislaturperiode, I. Session. 1899. Nr. 34.)

Begr. GKG. . . . . Begründung zu dem Entwurf eines Preußischen Gerichtskostengesetzes. (Drucksachen des Hauses der Abgeordneten. 18. Legislaturperiode, II. Session. 1895. Nr. 7.)

Begr. PrFGG. . . . Begründung zu dem Entwurf eines Preußischen Gesetzes über die freiwillige Gerichtsbarkeit. (Drucksachen des Hauses der Abgeordneten. 19. Legislaturperiode, I. Session. 1899. Nr. 35.)

Begr. z. neuen GKG. . Begründung zu dem Gesetze, betreffend die Abänderung des Preußischen Gerichtskostengesetzes vom 25. Juni 1895.

Begr. z. neuen GO. . Begründung zu dem Gesetze, betreffend die Abänderung der Gebührenordnung für Notare, vom 25. Juni 1895.

Beushausen . . . . . Beushausen, Gebührenordnung für Notare.

BGB. . . . . Bürgerliches Gesetzbuch.
BSchG. . . . . . . Binnenschiffahrtsgesetz.
Bl. f. R. . . . . . . Blätter für Rechtspflege im Bezirke des Kammergerichts.
BürBl. . . . . Bureaublatt für gerichtliche Beamte.
Dorner . . . . Dorner, Die Kosten in Angelegenheiten der freiwilligen Gerichtsbarkeit nach badischem Recht. 3. Aufl. 1909.
DNB. . . . . Zeitschrift des Deutschen Notarvereins.
EG. . . . . Einführungsgesetz.
FGG. . . . . Reichsgesetz über die Angelegenheiten der freiwilligen Gerichtsbarkeit.
GBO. . . . . Reichs-Grundbuchordnung.
GKG. . . . . Preußisches Gerichtskostengesetz.
GO. . . . . Gebührenordnung für Notare.
GO. f. RA. . . . . . Gebührenordnung für Rechtsanwälte.
GS. . . . . Gesetzsammlung für die Königlich Preußischen Staaten.
GVG. . . . . Gerichtsverfassungsgesetz.
Heinitz . . . . Heinitz, Kommentar zum Preußischen Stempelsteuergesetz. 3. Aufl.
HerrH. StB. . . . . Stenographische Berichte über die Verhandlungen des Herrenhauses. 1895.
HGB. . . . . Handelsgesetzbuch.
JMBl. . . . . Justiz-Ministerialblatt.
KG. . . . . Entscheidungen des Kammergerichts in Johows Jahrbuch für Entscheidungen des Kammergerichts.
KO. . . . . Konkursordnung.
KK. . . . . Entscheidung des Kammergerichts in Miet- und Pachtschutz, Kosten und Strafsachen.
KB. . . . . Bericht der verstärkten Kommission für das Justizwesen über den Entwurf einer Gebührenordnung für Notare. (Drucksachen des Hauses der Abgeordneten. 18. Legislaturperiode, II. Session. 1895. Nr. 91.)
KB. AG. z. BGB. . . Bericht der XV. Kommission des Hauses der Abgeordneten zur Vorberatung des Entwurfs eines Ausführungsgesetzes zum Bürgerlichen Gesetzbuche. (Drucksachen des Hauses der Abgeordneten. 19. Legislaturperiode, I. Session. 1899. Nr. 227.)

KB. GKG. . . . . . Bericht der verstärkten Kommission für das Justizwesen über den Entwurf eines Preußischen Gerichtskostengesetzes. (Drucksachen des Hauses der Abgeordneten. 18. Legislaturperiode, II. Session. 1895. Nr. 94.)

KB. PrFGG. . . . . Bericht der XV. Kommission, betreffend den Entwurf eines Preußischen Gesetzes über die freiwillige Gerichtsbarkeit. (Drucksachen des Hauses der Abgeordneten. 19. Legislaturperiode, I. Session. 1899. Nr. 273.)

KB. z. neuen GKG. . Bericht der Kommission des Abgeordnetenhauses zum Preußischen Gerichtskostengesetze vom 25. Juli 1910.

KB. z. neuen GO. . . Bericht der Kommission des Abgeordnetenhauses zur Gebührenordnung für Notare vom 25. Juli 1910.

Mügel . . . . Mügel, Die preußischen Kostengesetze vom 25. Juni 1895. 7. Aufl.

NZ. . . . . Zeitschrift für das Notariat. Herausgegeben von dem Verein für das Notariat in Rheinpreußen.

OLG. . . . . Rechtsprechung der Oberlandesgerichte. Herausgegeben von Falkmann und Mugdan.

PrFGG. . . . . . . Preußisches Gesetz über die freiwillige Gerichtsbarkeit.

Rausnitz . . . . . . Rausnitz, Kommentar zu den Gesetzen über die freiwillige Gerichtsbarkeit.

RG. . . . . Entscheidungen des Reichsgerichts in Zivilsachen. Herausgegeben von Mitgliedern des Reichsgerichts und der Reichsanwaltschaft.

RGBl. . . . . Reichsgesetzblatt.

Schlegelberger . . . . Schlegelberger, Kommentar zu den Gesetzen über die freiwillige Gerichtsbarkeit. Berlin 1914.

Schulz . . . . Schulz, Preußisches Gerichtskostengesetz und Gebührenordnung für Notare. 2. Aufl. 1910.

Siméon . . . . . . Siméon, Preußisches Gerichtskostengesetz. 7. Aufl. Guttentag 1913.

StStG. . . . . . . Preußisches Stempelsteuergesetz.

WO. . . . . Allgemeine Deutsche Wechselordnung.

ZPO. . . . . Zivilprozeßordnung.

ZVG. . . . . Reichsgesetz über die Zwangsversteigerung und die Zwangsverwaltung.

Gebührenordnung für Notare.

§ 1.

Anwendungskreis.

Die Vergütung für die Berufstätigkeit der Notare bestimmt sich ausschließlich nach den Vorschriften dieser Gebührenordnung.

1 Die GO. gilt für die Berufsgeschäfte der Notare ausschließlich, soweit nicht Sondergesetze besondere Bestimmungen enthalten. Vgl. § 41 Abs. 3 GKG. Auch alle älteren gesetzlichen Vorschriften sind aufgehoben.

Wirkt ein Bureauvorsteher mit, so kommt es darauf an, ob er nur als Gehilfe mitgewirkt, z. B. einen Entwurf gemacht hat, den der Notar nachprüft, oder ob er ganz selbständig Geschäfte erledigt hat. Im ersteren Falle erhält der Notar seine gesetzlichen Gebühren, RG. in DNV. 1905, 675 und KG. in NZ. 1916, 218, im letzteren Falle kann der Notar eine angemessene Gebühr fordern. Das LG. Lyck in DNV. 1906, 300 will die halbe Gebühr zubilligen, s. auch noch Vollenbeck in NZ. 1914, 129.

Die GO. gibt dem Notar nicht nur das Recht, sie legt ihm auch die Pflicht auf, Gebühren zu fordern. Er darf sie nur erlassen, sofern der Erlaß einer sittlichen Pflicht oder einer auf den Anstand zu nehmenden Rücksicht entspricht, z. B. wenn der Schuldner arm wird oder sich seine Armut erst nach Erledigung des Geschäfts herausstellt, oder Kollegen und untergeordneten eigenen Angestellten gegenüber. Rechtsanwaltsgeschäfte sind nach der Gebührenordnung für Rechtsanwälte zu vergüten, gleichgültig ob der Notar auch Rechtsanwalt ist oder nicht, KG. 18, 160. Geschäfte, die jeder Privatmann vornehmen kann, sind nach den für diese Geschäfte geltenden Regeln, wenn es solche gibt, sonst angemessen zu vergüten, KG. 18, 160. — In Zweifelsfällen haben Nurnotare nach der GO. zu liquidieren, KB. VIII 2, 3. Bei Rechtsanwaltnotaren entscheidet der Wille der Partei; ist ein solcher nicht erkennbar, ist nach der GO. zu liquidieren, OLG. 9, 199. Ist Vollmacht vorhanden, so kommt es auf deren Inhalt an. Ist sie bloß auf den Rechtsanwalt ausgestellt, so erfolgt Liquidation nach der RGO., KG. v. 31. Okt. und 28. Nov. 1898 — Y 533, 568/98 — bei Schulz A. 1 zu § 1 GO. Der Notar, der nach Beendigung eines Notariatsgeschäftes bestehende Hindernisse beseitigt, handelt als Notar, KG. 18, 160; OLG. 9, 199. Inwiefern hier ein Nebengeschäft vorliegt, s. A. zu § 54 GKG. Verrichtet ein Rechtsanwalt, der nicht Notar ist, Notariatsgeschäfte, so vgl. Art. 13 der Landesgebührenordnung für Rechtsanwälte und Gerichtsvollzieher vom 28. Oktober 1922 (GS. 410).

2 Berufsgeschäfte des Notars sind diejenigen Geschäfte, welche dem Notar durch gesetzliche Bestimmungen, z. B. das BGB., HGB., FGG. u. a., oder Verordnungen zugewiesen sind, ferner für die ihm Gebühren ausdrücklich zugebilligt sind, schließlich auch solche, die der Notar herkömmlicherweise zu besorgen hat, KG. 45, 376 und in NZ. 1913, 92, Mügel A. 2, 3 zu § 1 GO., Oberneck in DNB. 20, 3 ff., Cahn JW. 15, 431, RG. 49, 269. Das Herkommen kann in verschiedenen Landesteilen verschieden sein. Am linken Rheinufer ist der Geschäftskreis der Notare größer als sonst in Preußen. Die Anzeige von Hypothekenbestellungen an Feuerversicherungsgesellschaften durch die Notare gehört dort auch jetzt noch über die Bestimmung des § 27 Abs. 2 GO. hinaus zur Berufstätigkeit der Notare. Es ist ein Nebengeschäft, für das er keine besondere Vergütung, wohl aber seine baren Auslagen ersetzt erhält, a. M. KG. 25 B 46 und in NZ. 1911, 124. Vgl. insbesondere noch das Gesetz zur Linderung der Notlage der rheinischen Notare vom 2. Jan. 1924 (GS. 5) und dazu die Verordnung über die Anwendung der Vorschriften der §§ 8, 9 PrGKG. auf die Vergütung für die Berufstätigkeit der rheinischen Notare vom 9. April 1924 (GS. 220). Die Beschaffung der Stempelmarken, die Besorgung und Verwendung von Gerichtskostenmarken sind Berufsgeschäfte, und zwar stets Nebengeschäfte des Notars, für die er im Gegensatz zur Meinung des KG. seine baren Auslagen, insbesondere seine Fuhrkosten, ersetzt verlangen kann, a. M. KG. 45, 375. — Weder zur Berufstätigkeit des Notars noch zu der der Rechtsanwälte gehört die Ausübung des Amtes des Testamentsvollstreckers oder Vermögensverwalters, Mügel A. 3 b zu § 1 GO., des Verwahrers aus §§ 432, 1217, 1281, 2039 BGB., des Vormundes, Pflegers oder Nachlaßverwalters, ebenso nicht die Vermittelung von Darlehen oder Hypotheken, soweit es sich nicht um linksrheinische Notare handelt, JMB. in DNZ. 1902, 83; KG. 27 B 69, oder die Aufbewahrung von eigenhändigen Testamenten. Die Kündigung und Beitreibung von Nachlaßforderungen, die Korrespondenz mit dem Erbschaftssteueramt, die Anfertigung von Deklarationen sind Rechtsanwaltsgeschäfte, KG. 18, 160, ebenso meiner Meinung nach auch die Kündigung von Hypotheken und sonstigen Forderungen. Für Ablehnung der Vornahme eines Geschäfts hat der Notar keine Gebühr zu fordern.

3 Die Geschäfte des Notars sind Amtshandlungen und nicht Erfüllungsgeschäfte auf Grund eines Vertrags mit dem Auftraggeber, RG. 85, 413. Soweit etwa ausnahmsweise neben den Amtshandlungen zwischen Notar und Beteiligten ein Vertragsverhältnis vorliegt, richtet sich dieses in der Regel nach den Bestimmungen über den Dienstvertrag, §§ 611 ff. BGB., RG. 49, 26, OLG. Köln in JW. 1918, 145 und die im Kommentar

der Reichsgerichtsräte zum BGB., Bd. 1 S. 573 aufgeführten Entscheidungen des Reichsgerichts, ebenso für Rechtsanwälte RG. 88, 226. Unter Umständen kann auch ein Werkvertrag vorliegen, nämlich dann, wenn der zu erzielende Erfolg den Inhalt der Vertragsleistung bildet, z. B. die Übernahme der Herstellung eines Vertrags, der nach ausdrücklicher Abrede nach einem ausländischen Rechte gültig sein muß. Mehrere Beteiligte haften als Gesamtschuldner, eine abweichende Abrede unter ihnen allein ist wirkungslos, LG. I Berlin in Bl. f. R. 1911, 15 und DNB. 1912, 364.

Meiner Meinung nach ist nach der Verkehrssitte und der Natur des Schuldverhältnisses gemäß §§ 242, 269, 270 BGB. der Ort des Amtssitzes des Notars Zahlungs- und Erfüllungsort; nach Ansicht des KG., OLG. 6, 379, soll dies jedoch der Wohnort des Schuldners sein.

4 Nach dem System der GO. ist das Maß der Arbeit und der Zeitaufwand, den ein einzelnes Geschäft erfordert, ohne Bedeutung für die gesetzliche Vergütung. Das Gesetz geht davon aus, daß die bei den einzelnen Geschäften obwaltenden Verschiedenheiten sich im Gesamtergebnisse gegenseitig ausgleichen werden, KG. 46, 315. — Die Voraussetzung ist zwar richtig, jedoch nur mit der Maßgabe, daß der Ausgleich nicht bei dem einzelnen Notar, sondern unter den gesamten Notaren erfolgt, für den einzelnen daher oft die ganze Amtszeit hindurch eine nicht angemessene Vergütung die Regel ist.

5 Das Armenrecht regelt Art. 83 Abs. 2 PrFGG. Über Bewilligung und Aufhebung entscheidet der Notar; gegen diese Entscheidung ist nur Beschwerde im Aufsichtswege zulässig, Schlegelberger S. 1013, welche für den Prozeßrichter bindend ist. Der Anspruch auf Armenrecht besteht für jede Tätigkeit des Notars, nicht nur für Beurkundungen, a. M. Schlegelberger S. 1013, der sich aber zu Unrecht auf Jastrow, FB. A. 6 und 9 zu Art. 83 PrFGG. beruft. Im Falle der Bewilligung des Armenrechtes darf der Notar auch nicht Ersatz der Auslagen fordern, a. M. Jastrow FB. A. 10 zu Art. 83 PrFGG. und Schlegelberger S. 1013.

Vgl. noch A. 1 zu § 25 GO.

6 Nach dem Gesetze vom 2. Jan. 1924 (GS. 5) sind im früheren Bereiche des rheinischen Rechts für eine größere Anzahl Geschäfte der freiwilligen Gerichtsbarkeit vorläufig bis zum 31. Dez. 1926 die Notare ausschließlich zuständig. Für diese Fälle sind im Gesetze vom 9. April 1924 (GS. 220) die Vorschriften der §§ 8 u. 9 GKG. für anwendbar erklärt.

§ 2.

Wertberechnung.

(1) Die Gebühren werden nach dem Werte des Gegenstandes erhoben.

(2) Auf die Berechnung des Wertes des Gegenstandes finden die Vorschriften des Preußischen Gerichtskostengesetzes entsprechende Anwendung.

1 Die Erörterung des Abs. 1 erfolgt zusammen mit der zu Abs. 1 Satz 1 § 18 GKG.

2 Für die Wertberechnung kommen die §§ 18 bis 20, 22, 87 Abs. 2 GKG., die nachfolgend abgedruckt sind, außerdem aber auch sämtliche Bestimmungen des GKG. schlechthin, KG. 53, 304, insbesondere auch die §§ 38, 39, 42 Abs. 3 bis 5, 44, 45, 46 Abs. 2 bis 4, 47 Nr. 2, 48, 51, 60 Abs. 2, 88 GKG. in Betracht. Über die Anwendung des § 78 Abs. 4 GKG. s. A. 1 dazu. Der § 21 GKG. findet keine Anwendung, er enthält trotz seiner Stellung im System des GKG. keine Bestimmung über Wertfestsetzung, sondern ein Recht des Justizministers, Gerichtsgebühren für Beurkundungen von Pachtverträgen aus Billigkeitsgründen erstatten zu lassen. Ebenso Brathuhn A. 1, Mügel A. 2 zu § 2 GO., a. M. Schulz A. 4 zu § 2 GO.

3 Die Feststellung des Wertes erfolgt durch den Notar. Wird dieser Wert bemängelt, so erfolgt seine Festsetzung gemäß § 25 GO. durch den Präsidenten des Landgerichts, in dessen Bezirk der Notar seinen Amtssitz hat. Durch Erklärung der Parteien selbst kann der Wert nicht festgestellt werden. Eine solche Erklärung ist nur eine tatsächliche Unterlage für die Feststellung des Wertes durch den Notar, KG. 27 B 15. Der Notar hat die Pflicht, diese Angaben nachzuprüfen. Er muß davon abweichen, wenn die Nachprüfung ergibt, daß sie nicht den wahren Wert angeben, KG. 50, 256. Der Notar ist verpflichtet, sich, soweit der Wert nicht ohne weiteres erhellt, die nötigen Unterlagen für seine Feststellung zu verschaffen. In erster Linie werden hierzu die Angaben der Beteiligten dienen, A. 7 zu § 18 GKG.

4 Über den Zeitpunkt, der für die Wertberechnung entscheidet, s. § 19 Abs. 1 GKG.

5 Die Bestimmungen des Paragraphen gelten nur für die Kostenfestsetzung, nicht für die Stempelberechnung. Für diese erfolgt die Wertfestsetzung nach dem Stempelsteuergesetze.

GKG. § 18.

(1) Für die Gebührenberechnung ist der Wert des Gegenstandes maßgebend, auf den sich das Geschäft bezieht. Betrifft das Geschäft ein Recht an einer Sache, so ist der Wert dieses Rechtes maßgebend.

(3) **Der Wert des Gegenstandes des Geschäfts wird nach freiem Ermessen unter Berücksichtigung der nachfolgenden Vorschriften festgesetzt.**

1 „Gegenstand“ ist ein sehr vielgebrauchtes und vieldeutiges Wort. Deshalb ist, wenn ein Gesetz das Wort Gegenstand gebraucht, festzustellen, welche Bedeutung es für den besonderen Fall hat. Gegenstand im Sinne des § 2 Abs. 1 GO., der hier miterörtert wird, und des § 18 Abs. 1 S. 1 GKG. ist stets ein reales Objekt. In Betracht kommen Sachen, Rechte oder Leistungen, vgl. Rausnitz in DNV. 11, 140. Niemals entscheidet das Interesse, das die Angelegenheit für die Beteiligten hat, oder der Vorteil oder Nachteil, der für sie aus dem Geschäfte zu erwarten ist, KG. 17, 132; 25 B 14; 29 B 75; 39 B 34; 42, 328; 47, 293; 51, 362; 52, 267; OLG. 10, 267; 33, 183.

Unter „Geschäft“ ist dasjenige Geschäft, auf das sich die Tätigkeit des Notars bezieht, nicht das Amtsgeschäft des Notars zu verstehen. Das Wort Geschäft ist hier im weitgehendsten Sinne gebraucht. Darunter fallen nicht nur Rechtsgeschäfte, sondern Vorgänge jeder Art. In einzelnen Fällen wird das Geschäft sich allerdings mit der Amtshandlung des Notars decken. Bei einzelnen Zeugnissen über eigene Wahrnehmungen des Notars, z. B. Lebenszeugnissen, bei einer von dem Notar vorgenommenen Grundbucheinsicht, kann von einem Geschäft außer der Tätigkeit des Notars nicht die Rede sein.

Im zweiten Satz des Abs. 1 ist ein wichtiger allgemeiner Grundsatz enthalten. Es kommen nur diejenigen Sachen, Rechte oder Leistungen in Betracht, auf die sich das Geschäft u n m i t t e l b a r bezieht, alle weiteren Sachen, Rechte oder Leistungen, die durch das Geschäft veranlaßt oder von ihm berührt werden, bleiben außer Betracht.

Gegenstand im Sinne der §§ 2 GO., 18 Abs. 1 GKG. sind danach diejenigen Sachen, Rechte oder Leistungen, auf welche sich das vom Notar besorgte Geschäft u n m i t t e l b a r bezieht. Bei einem Vertrage ist jedesmal zu prüfen, was unmittelbar Gegenstand des Vertrags ist, ob es die Sache selbst ist oder nur die Leistung, die mit der Sache vorgenommen wird. Beim Leihvertrag ist nicht die geliehene Sache, sondern die Verpflichtung zum Leihen der Sache Gegenstand des Vertrags, A. 3 zu § 20 GKG.

Diese Grundregel findet auf alle vermögensrechtlichen Angelegenheiten Anwendung, soweit das Gesetz nicht spezielle Vorschriften, z. B. in § 22 Abs. 2 GKG., gibt. Auch diese besonderen Vorschriften enthalten noch allgemeine Grundsätze, die auf alle passenden Fälle anzuwenden sind. Über nicht vermögensrechtliche Angelegenheiten s. § 22 Abs. 1 GKG.

Als absolute Ausnahme von der Grundregel erscheint § 13 GO., nach dem die Aufsuchungsgebühr des Notars sich nicht nach dem Werte des Gegenstandes richtet, Mügel A. 5 zu § 2 GO. Auch § 17 GO. muß als Ausnahme angesehen werden.

Für Beurkundungen von Rechtsgeschäften gilt die Regel des § 38 Abs. 1 GKG. mit den im § 20 daselbst enthaltenen Sonderbestimmungen, A. zu §§ 20 und 38 GKG.

2 Das Wort Sache wird in den preußischen Kostengesetzen in der Regel nicht wie im BGB. für eine bloß körperliche Sache gebraucht. Die Kostengesetze sind ursprünglich unter der Herrschaft des PrALR. erlassen. Unter Sachen waren daher sowohl körperliche Sachen wie Rechte jeder Art, auch Forderungsrechte zu verstehen, §§ 1 bis 3 I, 2 ALR. Der Satz 2 Abs. 1 § 18 GKG. umfaßte daher auch Rechte an Rechten. An dieser Auslegung ist auch durch die Begr. des PrAG. z. BGB. S. 194 zu Art. 84 nichts geändert. Das PrAG. wollte nach dieser Begründung zwar die Fassung des GKG. den Bestimmungen des BGB. anpassen, hat dies aber keineswegs überall wirklich getan. Der Art. 84 hat den vorliegenden § 18, ebenso den § 20 Nr. 1 GKG. unverändert gelassen. Damit ist auch der Begriff Sache nicht verändert worden. Das ALR. ist für die Bedeutung derjenigen Ausdrücke, welche durch das PrAG. z. BGB. nicht geändert sind, maßgebend geblieben, da ja diese Ausdrücke unter der Herrschaft des ALR. gewählt worden sind und ihre Bedeutung nicht stillschweigend verändert haben können; ebenso in bezug auf den Begriff der Zinsen Brathuhn A. 6 c zu § 20 GKG. früherer Fassung.

3 Die Vorschrift des Abs. 1 Satz 2 findet nicht auf sämtliche Rechte an Sachen und Rechten Anwendung. Sie gilt für Vorkaufsrechte, §§ 504 ff., 1094 ff., 2034, 2035 BGB., Wiederkaufsrechte, §§ 497 ff. BGB., Erbbaurechte, §§ 1012 ff. BGB., Kohlenabbaugerechtigkeiten, Art. 38 § 7 PrAG. z. BGB., Salzabbaugerechtigkeiten und das Gewinnungsrecht auf Steinsalz. Sie gilt nicht für Hypotheken, Grundschulden, Rentenschulden, Pfandrechte, § 20 Nr. 3 GKG., Grunddienstbarkeiten, § 20 Nr. 4 GKG., den Nießbrauch, § 20 Nr. 5 GKG., das Wohnungsrecht, A. 3 zu § 20 Nr. 5 GKG., sonstige beschränkte persönliche Dienstbarkeiten, A. 5 zu § 20 Nr. 4 GKG., Reallasten, A. 6 zu § 20 Nr. 5 GKG., Altenteil, A. 6 zu § 20 Nr. 5 GKG. Für alle diese Rechtsverhältnisse gelten besondere Regeln.

4 Über den Wortlaut des S. 2 Abs. 1 § 18 GKG. hinaus (oben A. 1) kommt der Grundsatz, daß nur derjenige Vorgang in Betracht kommt, auf den sich das Amtsgeschäft des Notars unmittelbar bezieht, in zahlreichen Fällen zur Anwendung. Solche Fälle sind z. B. das Nacherbenrecht, §§ 2100 ff. BGB., RG. 41 B 301, die Lehns- oder Fideikommißrechte jeder Art sowie Verfügungsbeschränkungen des Eigentums jeder Art, wie solche z. B. in Vormerkungen, §§ 883 ff. BGB., Widerspruchsrechten, §§ 899, 1139, 1140, 1263 BGB., und Beschränkungen des Miteigentums, §§ 1010,

2044 BGB., enthalten sind. Eine Ausnahme bildet die Vormerkung aus § 1179 BGB., A. 4 zu § 20 GKG. Der sogenannte Ausbietungsvertrag hat die Verpflichtung, den Ausfall einer bestimmten Hypothek zu verhindern, zum Gegenstande. Daher ist nur diese Hypothek Gegenstand des Geschäfts, etwa vorstehende Hypotheken kommen nicht in Betracht, KG. 47, 283.

5 Außer dem Gegenstand ist der Wert des Gegenstandes vom Notar festzustellen. Der Wert des Vorkaufsrechts ist gleich dem Interesse, das der Vorkaufsberechtigte an der Sicherung des Erwerbes der Sache hat, Mügel A. 16 zu § 19 GKG. alter Fassung. Der Wert dieses Interesses wird meist schwer festzustellen sein, deshalb soll nach KG. in DNB. 1912, 356, sobald mangels tatsächlicher Anhaltspunkte eine ziffernmäßige Feststellung des Wertes nicht möglich ist, der Wert auf Grund des § 22 Abs. 2 GKG. nach freiem Ermessen festgestellt werden. Hierbei ist meiner Meinung nach der Wert des Grundstücks zu berücksichtigen. Die früheren Entscheidungen des KG. 25 B 13 und 29 B 73, nach denen der Wert des Grundstücks ohne weiteres entschied, sind veraltet, da damals der durch die Novelle vom 25. Juli 1910 zugefügte Satz 2 des Abs. 1 § 19 (jetzt 18) GKG. noch nicht existierte. Der Wert des Wiederkaufsrechts ist nach freiem Ermessen mit Rücksicht auf Preis und Dauer des Rechts festzustellen, KG. 17, 132. Beim Erbbaurecht wird in der Regel ein ziffernmäßiger Wert entweder auf Grund des dafür gezahlten Preises oder auf Grund einer Schätzung festzustellen sein. Eventuell entscheidet auch hier § 22 Abs. 2 GKG. Ebenso ist es bei den Salzabbaugerechtigkeiten und dem Gewinnungsrecht für Steinsalz zu halten. Der Wert des Nacherbenrechts ist nach freiem Ermessen festzusetzen, KG. 41, 301. Es entscheidet also nicht der Wert der Erbschaft, den sie etwa zur Zeit des vorzunehmenden Amtsgeschäfts hat, dieser Wert ist nur bei Feststellung des Gegenstandswerts unter Prüfung der möglichen Veränderung und der Zeitdauer bis zu dem wirklichen Anfall der Erbschaft an den Nacherben zu berücksichtigen. Die früheren Entscheidungen des KG. 30 B 28 u. 35 B 8 sind veraltet.

6 Der Wert der in A. 4 aufgeführten Verfügungsbeschränkungen und sonstigen Belastungen einer Sache ist gleichfalls, falls eine ziffernmäßige Feststellung des Wertes des Rechts nicht möglich ist, gemäß § 22 Abs. 2 GKG. unter Berücksichtigung aller in Betracht kommenden Momente nach freiem Ermessen festzustellen. Siehe jedoch § 20 Nr. 3 GKG. und A. 4 dazu. Bei Eigentumsbeschränkungen, nach denen der Eigentümer ohne Genehmigung einer dritten Person das Grundstück weder auflassen noch belasten darf, ist Gegenstand nur das Recht des eingetragenen Berechtigten, KG. i. BürBl. 1899, 241. Die früheren abweichenden Entscheidungen des KG. 17, 155, 39 B 45 sind veraltet. Über den Wert der Fideikommiß- und Lehnsfolgerechte s. § 20 Nr. 7 GKG. und A. 8 dazu.

Über den Wert des Gegenstands bei einer Grundbucheinsicht s. A. 2 zu § 22 GKG.

7 „Nach freiem Ermessen" bedeutet nicht freies Belieben, sondern Urteilen auf Grund pflichtmäßigen, an die Gesetze im allgemeinen und an die besonderen in den §§ 19, 20 GKG. und die in A. 2 zu § 2 GO. aufgeführten Vorschriften gebundenen Ermessens. Freies Ermessen ist hier, wie sonst, nicht subjektive Willkür des Notars, es richtet sich vielmehr nach den allgemeinen Regeln der Logik und Erfahrung. Nur an bestimmte Beweisregeln ist der Notar nicht gebunden. Soweit ziffernmäßige Beträge vorhanden sind, sind diese festzustellen und zugrunde zu legen; soweit dies nicht der Fall ist, hat der Notar den Wert auf Grund der ihm bekannten Tatsachen durch sorgsame pflichtmäßige Schätzung zu finden. Wesentlich werden stets der Inhalt des Amtsgeschäfts und, soweit dieser Inhalt nicht ausreicht, das eigene Wissen des Notars von der Sache und die Angaben der Beteiligten sein, A 3 zu § 2 GO. Der Notar kann zwar die Beteiligten nicht zwingen, die zur Wertfeststellung notwendigen Angaben zu machen, er kann aber und muß meiner Meinung nach die Vornahme des Geschäfts ablehnen, wenn die Beteiligten sich weigern, die nötigen, ihnen bekannten Angaben zu machen. In einer solchen Weigerung liegt ein triftiger Grund, der den Notar zur Verweigerung seiner Dienste berechtigt, Art. 83 PrFGG. Der Notar wird in der Regel den Anführungen der Beteiligten ohne weiteres Glauben zu schenken haben. Erhellt aber, daß die Angaben offenbar unrichtig sind, so kann er auch, wenn sie auf Erfordern nicht berichtigt werden, seine Dienste verweigern. Sind ihm die richtigen Tatsachen genau bekannt, so muß er diese auch gegen die Angaben der Beteiligten seiner Wertfeststellung zugrunde legen. Die Feststellung des Wertes nach freiem Ermessen gemäß Abs. 2 § 18 GKG. steht im Gegensatze zu der Annahme des Wertes nach § 22 Abs. 2 GKG. Diese letztere ist nur ein Notbehelf und darf nur eintreten, falls mangels Vorhandenseins der nötigen tatsächlichen Unterlagen eine ziffernmäßige Feststellung des Wertes auch durch Schätzung nicht möglich ist. Solange eine solche Schätzung, wenn auch mit Schwierigkeit, möglich ist, ist die Anwendung des § 22 Abs. 2 GKG. ausgeschlossen, ebenso Mügel A. 3 zu § 19 GKG. alter Fassung, vgl. auch die diesseitige A. 2 zu § 22 GKG. So ist z. B., wenn uneinziehbare oder doch schwer beitreibbare Forderungen, ohne daß der Preis erhellt, Gegenstand des Amtsgeschäfts sind, der Wert nach freiem Ermessen durch Schätzung gemäß § 18 Abs. 2 GKG. festzustellen, KG. 18, 171 und BürBl. 13, 18.

8 Für Feingoldhypotheken oder Grundschulden hat Ricks in DNB. 24, 67 für die Berechnung des Feingoldpreises folgende Formel aufgestellt:

$$1\text{ g Feingold} = \frac{\text{Preis in Pence für 1 g Feingold mal letzten amtlichen Berliner Pfd.-Sterl.-Kurs}}{240\ (1\text{ Pfd. Sterl.} = 20\text{ Schilling} = 240\text{ Pence})}$$

Beispiel: $1\,g = \frac{369\,412 \text{ Pence} \times 18{,}4 \text{ Mark}}{240} = \frac{679{,}717\,08}{240} = 2{,}83$ Mark.

Diese Berechnungsart widerspricht aber der Verordnung vom 18. Dez. 1923. Danach gilt für die Umrechnung der Goldmark bis auf weiteres der vom Reichsminister der Finanzen bekanntgegebene Goldumrechnungssatz. Der Justizminister kann einen anderen Umrechnungssatz bestimmen. Ist der Wert des Gegenstandes, auf den sich das Geschäft bezieht, in Reichswährung (h. d. alte Mark) bestimmt, so ist er nach dem Umrechnungssatz im Zeitpunkte der Berechnung der Gebühren umzurechnen. KG. 53, 284 ist veraltet. Heute stehen unbedenklich 1 Billion alte Mark = 1 Goldmark und 1 Goldmark = 1 Reichsmark.

Der Londoner Goldpreis wird wöchentlich im Deutschen Reichsanzeiger veröffentlicht, auch im nichtamtlichen Teile des JMBl. bekanntgemacht.

GKG. § 19.

Zeitpunkt.

(1) Für die Wertberechnung ist der Zeitpunkt der Fälligkeit der Gebühren entscheidend.

(2) Maßgebend für den in Ansatz zu bringenden Wert ist nur der Hauptgegenstand des Geschäfts. Früchte, Nutzungen, Zinsen, Schäden, Vertragsstrafen und Kosten werden nur berücksichtigt, wenn sie für sich den Gegenstand eines besonderen Geschäfts bilden.

1 Derjenige Wert, den der Gegenstand, s. § 2 GO. und § 18 GKG., zur Zeit der Fälligkeit der Gebühren hat, entscheidet. Nach den Grundsätzen vom Dienstvertrage, A. 3 zu § 1 GO., sind Gebühr und bare Auslagen nach Leistung des Dienstes zu zahlen, § 614 BGB. Auslagen für Stempel- und Kostenmarken sind jedoch stets sofort fällig. Bei Beurkundungen ist, wenn eine Ausfertigung zu erteilen ist, die Gebührenforderung mit der Aushändigung oder Übersendung der Ausfertigung an die Partei, einen Dritten oder das Gericht fällig. Ist keine Ausfertigung zu erteilen, so ist die Forderung mit der Beendigung der Beurkundung fällig; a. M. KG. in NZ. 1911, 287 und KG. 52, 290 sowie Dorst in NZ. 18, 92, die die Fälligkeit stets bei Beendigung der Beurkundung eintreten lassen wollen. Gebührenfreie Nebengeschäfte, wie Benachrichtigungen der Parteien oder Dritter, können die Fälligkeit nicht aufhalten. Bei anderen Angelegenheiten tritt die Fälligkeit gleichfalls bei Beendigung des Geschäfts ein, ohne daß kleine Nebengeschäfte in Betracht kommen. Bei fortlaufenden Angelegenheiten tritt die Fälligkeit bei Beendigung der ganzen Angelegenheit ein. Die Gebühren für einzelne im Laufe des Verfahrens vorkommende Beurkundungen werden aber besonders nach den für Beurkundungen

geltenden Regeln fällig, Bayerisches Oberstes Landesgericht in DNB. 1912, 638; a. M. OLG. Colmar in DNB. 1906, 305; vgl. auch OLG. 40, 451. Ausnahmen bilden Geschäfte, deren Gegenstand Nutzungen oder Leistungen auf Lebenszeit sind, § 20 Nr. 5 GKG; § 6 Abs. 10 StStG.; KG. 16, 213. Besorgt der Notar die Beglaubigung einer Unterschrift und die Legalisation seiner Unterschrift, so sind die Gebühren erst nach Besorgung des letzten Geschäfts fällig, Beushausen S. 89. Bleibt ein Geschäft unbeendigt, so ist der Moment der Aufgabe des Geschäfts entscheidend, bleibt es in der Schwebe, so kann der Notar den Auftrag kündigen. Mit dem Augenblicke, in dem die Kündigung wirksam wird, ist das Geschäft beendet, KK. 1, 99. Bei Geschäften, die sich auf den Wert einer Sache oder eines Rechtes beziehen, den diese Sache oder das Recht in der Vergangenheit hatten, z. B. bei einem Vertrage, durch den der Übergang des Eigentums einer Sache in der Vergangenheit als rechtsgültig anerkannt wird, kann Gegenstandswert nur der Wert sein, den die Sache in der Vergangenheit, im Beispielsfalle also zur Zeit des Eigentumsübergangs, gehabt hat. Die Forderung des Notars verjährt in zwei Jahren. Die Verjährung beginnt mit dem Schlusse des Jahres, in welchem ihre Fälligkeit eingetreten ist, §§ 196 Nr. 15, 201 BGB. Gleichgültig ist der Zeitpunkt, an dem die Gebührenrechnung, § 24 GO., aufgestellt wird oder dem Schuldner zugeht. Ausnahme s. § 44 Abs. 7 GKG.

2 Der Satz 1 des Abs. 2 des Paragraphen enthält eine weitere nähere Bestimmung des Begriffs „Gegenstand“, wie er in dem § 2 GO., § 18 Abs. 1 GKG. gegeben ist, A. 1 zu § 18 GKG. Es kommt stets nur der wesentliche Bestandteil des Geschäfts in Betracht. Bei Hingabe von Darlehen ist z. B. Gegenstand nur die Darlehnssumme, nicht etwa die Verabredung von Verzinsungs-, Kündigungs- und Rückzahlungsbedingungen. Ein Geschäft hat auch immer nur einen Hauptgegenstand, dies spricht § 38 GKG. für die gegenseitigen Verträge aus. Auch wenn die Gegenleistung in derselben Urkunde in der Form des Abschlusses eines zweiten Vertrags erfolgt, ist hierfür nicht besonders zu liquidieren. Wenn bei einem Kaufvertrage die Berichtigung des Kaufgeldes nicht in bar, sondern anderweitig, z. B. durch Übernahme von Schulden oder Übertragung von Forderungen, erfolgt, ergibt nur die Höhe des Kaufpreises den Gegenstandswert. Ein Geschäft kann nicht in seine Teile zerrissen werden.

Bei Anmeldung einer A.-G. oder einer G. m. b. H. zum Handelsregister ist nach KG. 47, 292 die Erklärung, daß der gesetzlich vorgeschriebene Teil des Kapitals eingezahlt ist, Teil des Geschäfts selbst. Eine Ausnahme besteht nach der herrschenden Rechtsprechung — jedoch zu Unrecht — nur für die Firmenzeichnung, KG. 37 B 16; a. M. mit Recht Mügel A. 15 zu § 40 GKG. alter Fassung. Die Firmenzeichnung ist nur ein Teil des ganzen Geschäfts, für das nicht besonders liquidiert werden kann. Alle

Nebengeschäfte und Abreden nebensächlicher Bedeutung, die bei Beurkundung von Verträgen neben dem Hauptinhalt der Vertragsabrede mitbeurkundet werden, kommen als besondere Gegenstände für die Gebührenrechnung nicht in Betracht, OLG. 21, 151. Die Bestimmung tritt der Sportelhäufung in jeder Form entgegen. Die in Satz 2 aufgeführten Nebengegenstände, A. 3, sind nur Beispiele. Der in Satz 1 des Abs. 2 enthaltene Grundsatz findet eine viel weitere, für die Gebührenrechnung einschneidende Anwendung, A. 4 und 5. Der Grundsatz ist wohl von dem dieselbe Tendenz verfolgenden Grundsatz des § 54 GKG. zu unterscheiden. In § 54 GKG. handelt es sich um die eigenen Amtsgeschäfte des Notars, hier um die Geschäfte, auf die sich die Tätigkeit des Notars bezieht, A. 1 zu § 54 GKG.

Die Fassung „Hauptgegenstand des Geschäfts", sowie im nächsten Satze des Paragraphen: „wenn sie für sich den Gegenstand eines besonderen Geschäfts bilden", will nichts anderes sagen als „der Hauptgegenstand, auf den sich das Geschäft bezieht" und „wenn sich das Geschäft auf sie allein bezieht". Es liegt also nur eine andere Fassung desselben Gedankens wie in Abs. 1 vor.

3 Früchte § 99 BGB., Nutzungen § 100 BGB., Zinsen, Schäden, Vertragsstrafen §§ 339 ff. BGB. Kosten sind Auslagen jeder Art. Diese Gegenstände sind von Gesetzes wegen Nebengegenstände und kommen für den Wert des Geschäfts nicht in Betracht, selbst wenn sie den Wert des Hauptgegenstandes übersteigen. Ein Unterschied zwischen rückständigen und laufenden Leistungen existiert nicht, Mügel A. 3 zu § 20 GKG. alter Fassung. Nur wenn die Nebengegenstände den Gegenstand eines besonderen Geschäfts bilden, sind sie natürlich Hauptgegenstand. Ein besonderes Geschäft liegt vor, wenn ein Vertrag über den Rest eines Kapitals und zugleich über rückständige Zinsen von dem übrigen Teile des Kapitals geschlossen wird. Es bilden dann sowohl der Rest des Kapitals wie die rückständigen Zinsen des getilgten oder erlassenen oder gestundeten Kapitals zusammen den Hauptgegenstand, s. Brathuhn A. 4 und Mügel A. 3 zu § 20 GKG. alter Fassung. In vielen Fällen existieren Zweifel. So sollen nach der herrschenden Meinung bei der Abtretung der Forderung zwar die zukünftigen Zinsen als Nebengeschäft anzusehen sein, dagegen sollen die Abtretung rückständiger Zinsen, die Abrede über Änderung des Zinsfußes, Einführung oder Aufhebung einer Verzinsung Hauptgeschäfte sein, Brathuhn A. 4, Mügel A. 3 zu § 20 GKG. alter Fassung. Die Änderung der Verzinsungs- und Rückzahlungsbedingungen bei Gelegenheit der Umwandlung einer Hypothek in eine Grundschuld oder einer Grundschuld in eine Hypothek sollen dagegen auch nach herrschender Ansicht wieder nur Nebengeschäfte sein. Hierdurch wird eine überflüssige Kasuistik in das Gesetz hineingetragen, die seiner Tendenz widerspricht. Auch bei einer Abtretung sind sowohl

die rückständigen wie die zukünftigen Zinsen nur Nebengegenstände. Eine Abrede über diese Zinsen betrifft daher nur einen Nebengegenstand des Geschäfts und kommt kostenrechtlich nicht in Betracht. Die Bestimmung des Satzes 2 Abs. 2 bleibt ausnahmsweise außer Betracht, wenn sich die Gebühr nach der Höhe eines Vermögens richtet. Dieses ist als Einheit zu betrachten. Alles was zu dem Zeitpunkte, der für die Wertberechnung entscheidend ist (A. 1 oben), zum Vermögen gehört, ist Hauptgegenstand. Von Zinsen werden die rückständigen und laufenden sowohl bei Forderungen wie bei Schulden zum Kapital hinzugerechnet, während die zukünftigen außer Betracht bleiben. Die so gebildete Masse ist dann der Hauptgegenstand des Geschäfts, Mügel A. 4 zu § 20 GKG. alter Fassung. Von Früchten werden die bereits gezogenen, soweit sie noch vorhanden sind, gleichfalls zum Vermögen zugerechnet, Simeon A. 2 zu § 20 GKG. alter Fassung. Vgl. jedoch noch § 20 Nr. 9 GKG.

4 Außer den ausdrücklich aufgeführten Nebengegenständen gibt es zahlreiche andere Teile von Geschäften, die nach der allgemeinen Klausel für die Wertfeststellung Nebengegenstände sind. Bei Beurteilung der einzelnen Fälle muß nach Ansicht des KG. 52, 252 wesentlich darauf zu sehen sein, was die Beteiligten als Haupt- und was sie als Nebengegenstand angesehen haben. Eine Unterwerfung unter die Zwangsvollstreckung ist in der Regel Nebengegenstand, wenn sie bei Verabredung des ursprünglichen Geschäfts bewilligt wird, KG. 35 B 6, nicht aber, wenn sie gelegentlich der Abtretung der Forderung oder der Verabredung neuer Zins- oder Rückzahlungsbedingungen erfolgt, KG. 41, 285. Übernimmt bei Bestellung einer Hypothek der Schuldner die Verpflichtung, dem Gläubiger nachzuweisen, daß die Zinsen der Vorhypotheken pünktlich gezahlt sind, ihm die Änderung der Versicherungsbedingungen anzuzeigen oder irgendwelche Mitteilungen zu machen, die für den Hypothekengläubiger von Wichtigkeit sind, so sind dies alles Nebengegenstände. Wird in einem Kaufvertrage der Kaufpreis dadurch belegt, daß dem Verkäufer eine Hypothek übertragen wird, so ist dies, wie oben schon in A. 2 ausgeführt, überhaupt kein Nebengegenstand, sondern ein Teil des Geschäfts selbst. Wird dabei noch vom Käufer ausdrücklich versichert, daß diese Hypothek mit einem bestimmten Betrage auslaufe, und von ihm dahin die Gewährleistung derart übernommen, daß er für jeden Ausfall aufkomme, wogegen der Verkäufer sich verpflichtet, die Hypothek alsbald zu kündigen und einzuziehen, widrigenfalls der Käufer von seiner Gewährspflicht freikomme, so sind dies alles nebensächliche Abreden, für die nichts zu liquidieren ist, KG. in OLG. 21, 15. Der bei der Hypothekenbestellung erklärte Rangvorbehalt § 881 BGB. ist eine Nebenabrede, KG. 43, 338. Die Einräumung eines Vorkaufsrechts in einem Gesellschafts- oder Miets- oder Kaufvertrage ist nach KG. 25 B 14 (a. M. Mügel A. 2 zu § 20 GKG. alter Fassung) kein Nebengegenstand. Auch bei

anderen Verträgen, z. B. dem Verkauf einer Sache mit Einräumung des Vorkaufsrechts an den Verkäufer, wird diese Einräumung danach keine Nebenabrede sein. Dagegen ist die Einräumung eines Wiederkaufsrechts bei Gelegenheit eines Kaufvertrags nur eine nebensächliche Abrede, KG. 42, 299. Bei dem bekannten Möbelleihvertrag, Verkauf einer Sache mit gleichzeitigem Mietsvertrag und Wiederkaufsrecht, ist auch nur einmal für den Verkaufsvertrag zu liquidieren. Der Mietsvertrag hat denselben Gegenstand wie der Kaufvertrag, A. 4 zu § 39 GKG. Der Wiederkaufsvertrag ist nur eine nebensächliche Abrede. Das Versprechen in einem Vertrage, eine Vertragsstrafe zu zahlen, ist in der Regel ein Nebengegenstand, nicht aber, wenn es für den Fall gegeben wird, daß ein Dritter nicht binnen einer bestimmten Frist dem Vertrage beitritt, KG. i. BürBl. 12, 101. Über Gesellschaftsverträge s. A. 1 zu § 38 GKG. Die Ausschließung der Haftung für die Schulden und des Übergangs der Forderungen bei Geschäftsveräußerungen und Eintritt eines Gesellschafters in das Geschäft eines Einzelkaufmanns, §§ 25, 28 HGB., sind sowohl bei dem Veräußerungsvertrage wie bei den Anmeldungen zum Handelsregister nur Nebenabreden.

5 Ist eine Bedingung oder Zeitbestimmung ein Teil des Geschäfts selbst, d. h. wird die Bedingung oder Zeitbestimmung durch das Geschäft erst geschaffen, z. B. bei Abschluß eines bedingten Kaufvertrags oder einer zeitlich betagten Abtretung, so liegen nur nebensächliche Abreden vor, die keinen Einfluß auf die Feststellung des Gegenstandswerts haben. Es erscheint auch gleichgültig, ob eine betagte Forderung verzinslich oder unverzinslich ist. Die Berücksichtigung aller dieser Besonderheiten widerspricht der Bestimmung des Abs. 2 § 20 GKG. Anders will Brathuhn, A. 2 zu § 20 GKG. alter Fassung, betagte unverzinsliche Forderungen unter Zugrundelegung des gesetzlichen Zinsfußes von 4 % nach folgender Formel: $x = \frac{100 \,.\, k}{100 + (4 \,.\, i)}$, betagte Forderungen mit geringerem Zinssatze als 4 % nach der Formel $x = \frac{100 \,.\, k}{100 + ([4 - z] \,.\, i)}$ berechnen, ebenso Mügel A. 13 zu § 19 GKG. alter Fassung. k bedeutet hierbei den Kapitalbetrag der Forderung, i die Anzahl der zwischen der Zeit der Fälligkeit der Gebühren und der Zeit der Fälligkeit der betagten Forderung liegenden Jahre und z den etwa zu berücksichtigenden Zinsfuß der betagten Forderung. Es kann meiner Meinung nach nicht verlangt werden, daß der Notar zur Berechnung seiner Gebühren mathematische Aufgaben löst. Bei betagten, zinslosen und gering verzinslichen Rechten entscheidet nicht der Gegenwert, sondern es ist der gegenwärtige Wert zu finden, KG. 53, 284. Ebenso liegt es, wenn das Recht, welches Gegenstand des Geschäfts ist, schon betagt oder bedingt ist, wenn die Betagung oder Be-

dingung nicht erst durch das Geschäft geschaffen wird, z. B. wenn eine bedingte oder betagte Forderung abgetreten wird. Dann ist der gemeine Wert des Rechtes gemäß § 20 Nr. 1 GKG. festzustellen. Hierbei ist natürlich Bedingung oder Zeitbestimmung zu berücksichtigen. Aber ich würde nicht die von Mügel und Brathuhn vorgeschlagene mathematische Formel als richtige Lösung ansehen, da das GKG. in § 18 Abs. 2 und § 22 Abs. 1 und 2 alle solche formelmäßigen Lösungen verwirft. Der Wert ist durch Schätzung festzustellen, § 18 Abs. 2 GKG., und, wenn sich solche als unmöglich erweist, gemäß § 22 Abs. 1 GKG. anzunehmen.

Für Mietsverträge kommt die besondere Bestimmung des § 20 Nr. 6 GKG. zur Anwendung. Bei alternativen Rechten ist in Anwendung der aus § 38 Abs. 1 Satz 2 GKG. herzuleitenden allgemeinen Regel stets die höhere Leistung als Gegenstand anzusehen, gleichgültig, ob das Wahlrecht dem Berechtigten oder dem Verpflichteten zusteht, a. M. Mügel A. 15 zu § 19 GKG. alter Fassung und Beushausen A. 3 zu § 18 GKG., die die höhere Leistung nur dann als Gegenstand ansehen, wenn die Wahl dem Berechtigten zusteht, die geringere, wenn der Verpflichtete wahlberechtigt ist und sich hierbei, meiner Meinung nach nicht mit Recht, auf KG. 30 B 8 beruft.

GKG. § 20.

Gegenstand.

(1) Bei der Berechnung des Wertes einer Sache ist nur der gemeine Wert derselben in Betracht zu ziehen; handelt es sich um einen Verkauf derselben, so ist als Wert der Betrag des vereinbarten Kaufpreises mit Hinzufügung des Wertes der vorbehaltenen Nutzungen und ausbedungenen Leistungen in Ansatz zu bringen, sofern er höher ist als der gemeine Wert.

(2) Der Wert des Besitzes einer Sache ist in der Regel dem Werte der Sache gleichzuachten.

(3) Der Wert eines Pfandrechts oder der Sicherstellung einer Forderung richtet sich nach dem Betrage der Forderung; hat der Gegenstand des Pfandrechts einen geringeren Wert, so ist dieser maßgebend, soweit nicht die besonderen Vorschriften für Eintragungen im Grundbuche (§ 63) entgegenstehen. Bei Vorrangseinräumungen, einschließlich der Einräumung gleichen Ranges, richtet sich der Wert nach dem Betrage der vortretenden Post und, wenn der Betrag der zurücktretenden Post der geringere ist, nach diesem. Als Vorrangseinräumung gilt im Sinne dieses Gesetzes auch die im § 1179 des Bürgerlichen Gesetzbuchs be-

zeichnete Vormerkung zugunsten eines nachstehenden Gläubigers. Der Wert bestimmt sich nach dem höheren der beiden nach den Vorschriften dieses Absatzes in Betracht kommenden Beträge, sofern dies für den Kostenschuldner nach den Vorschriften des § 39 günstiger ist.

(4) Der Wert einer Grunddienstbarkeit wird durch den Wert, welchen dieselbe für das herrschende Grundstück hat, und wenn der Betrag, um welchen sich der Wert des dienenden Grundstücks durch die Dienstbarkeit mindert, größer ist, durch diesen Betrag bestimmt.

(5) Der Wert des Rechtes auf wiederkehrende Nutzungen oder Leistungen wird nach den Vorschriften des § 6 Abs. 8 bis 12 des Stempelsteuergesetzes berechnet, jedoch ist der Wert des Rechtes auf Nutzungen oder Leistungen auf Lebenszeit oder bis zum Eintritt eines bestimmten Alters oder Umstandes auf höchstens das Fünffache des einjährigen Bezugs anzunehmen, wenn das Recht dem jetzigen oder früheren Ehegatten des Verpflichteten oder Personen zusteht, die mit dem Verpflichteten in gerader Linie verwandt, verschwägert oder durch Annahme an Kindes Statt verbunden oder in der Seitenlinie bis zum dritten Grade verwandt oder bis zum zweiten Grade verschwägert sind, auch wenn die Ehe, durch welche die Schwägerschaft begründet ist, nicht mehr besteht. Steht der Zeitpunkt des Anfalls nicht fest, so tritt an dessen Stelle der Zeitpunkt der Begründung des Bezugsrechts. Der Wert des dem unehelichen Kinde gegen seinen Vater zustehenden Rechtes auf Unterhalt wird nach dem Betrage des einjährigen Bezugs berechnet; ist der Betrag der Bezüge der einzelnen Jahre verschieden, so kommt der höchste Betrag zum Ansatze.

(6) Der Wert eines Miet- oder Pachtrechts bestimmt sich nach dem zusammenzurechnenden Werte aller Leistungen des Mieters oder Pächters während der ganzen Vertragszeit. Bei länger als 25 Jahre dauernden Miet- oder Pachtverhältnissen ist der fünfundzwanzigfache Betrag der einjährigen Leistung maßgebend. Bei unbestimmter Dauer des Vertrags erfolgt die Berechnung bei ländlichen Grundstücken unter Zugrundelegung dreier Jahre, in allen anderen Fällen unter Zugrundelegung eines Jahres; kann jedoch bei Verträgen, deren Dauer von einer Kündigung abhängt, die Auflösung des Vertragsverhältnisses erst zu einem späteren Zeitpunkte geschehen, so ist dieser Zeitpunkt maßgebend.

(7) Der Wert der einem Fideikommiß- oder Lehnsfolger anfallenden Rechte ist nach den Bestimmungen im Abs. 5 Satz 1 und 2 zu berechnen.

(8) Bei Kurs habenden Wertpapieren ist der Tageskurs als Wert anzusehen. Die Umrechnung der in anderer als Reichswährung angegebenen Summen erfolgt nach den für die Erhebung des Wechselstempels festgesetzten Mittelwerten und, insoweit solche nicht bestimmt worden sind, nach dem laufenden Kurse.

(9) Soweit für die Berechnung einer Gebühr der Betrag der Vermögens- oder Nachlaßmasse maßgebend ist, bleiben Hausrat und andere bewegliche körperliche Gegenstände außer Betracht, soweit sie nicht nach den Vorschriften des Vermögensteuergesetzes vom 8. April 1922 (Reichsgesetzbl. I S. 335) der Vermögenssteuer unterliegen.

Der § 6 Abs. 8 bis 12 des Preußischen Stempelsteuergesetzes vom 30. Juni 1909 (GS. S. 535) lautet:

(8) Der einjährige Wert von Nutzungen wird, wenn nicht aus der Urkunde ein höherer oder niederer Prozentsatz hervorgeht oder sonst festgestellt werden kann, zu vier vom Hundert des Wertes des Gegenstandes, welcher die Nutzung gewährt, angenommen.

(9) Bei immerwährenden Nutzungen und Leistungen ist das Fünfundzwanzigfache ihres einjährigen Betrages, bei Nutzungen und Leistungen von unbestimmter Dauer, sofern nicht die Vorschriften in den beiden nächstfolgenden Absätzen Anwendung finden oder anderweite, die längste Dauer begrenzende Umstände in der Urkunde angegeben sind, das Zwölfeinhalbfache des einjährigen Betrages als Wert anzusehen.

(10) Der Wert von Nutzungen oder Leistungen auf Lebenszeit bestimmt sich nach dem zur Zeit ihres Anfanges erreichten Lebensalter der Person, bei deren Tode die Nutzung oder Leistung erlischt, und wird bei einem Lebensalter derselben

von	15	Jahren oder weniger			auf das		18	fache,
über	15	Jahre	bis zu	25	Jahren	auf das	17	fache,
über	25	„	„ „	35	„	„ „	16	„ ,
über	35	„	„ „	45	„	„ „	14	„ ,
über	45	„	„ „	55	„	„ „	12	„ ,
über	55	„	„ „	65	„	„ „	8½	„ ,
über	65	„	„ „	75	„	„ „	5	„ ,
über	75	„	„ „	80	„	„ „	3	„ ,
über	80	„				„ „	2	„

des Wertes der einjährigen Nutzung oder Leistung angenommen.

(11) Ist die Dauer der Nutzungen oder Leistungen von der Lebenszeit mehrerer Personen dergestalt abhängig, daß beim Tode der zuerst Versterbenden die Nutzung oder Leistung erlischt, so ist für die nach den Bestimmungen im vorigen Absatze vorzunehmende Wertermittelung das Lebensalter der ältesten Person maßgebend. Wenn die Nutzung oder Leistung bis zum Tode der letztversterbenden Person fortdauert, erfolgt die Berechnung nach dem Lebensalter der jüngsten Person.

(12) Der Gesamtwert der auf bestimmte Zeit eingeschränkten Nutzungen oder Leistungen ist unter Zugrundelegung eines vierprozentigen Zinsfußes nach der beigefügten Hilfstabelle zu ermitteln. Ist jedoch die Dauer der Nutzung oder Leistung noch außerdem durch die Lebenszeit einer oder mehrerer Personen bedingt, so darf der nach den Bestimmungen der beiden vorhergehenden Absätze zu berechnende Wert nicht überschritten werden.

1 §§ 20 und 22 GKG. handeln nicht mehr von der Feststellung des Gegenstandes, sondern von der Feststellung des Wertes des Gegenstandes. Über den Unterschied von §§ 20 und 22 GKG. s. A. 7 zu § 18 GKG. Die Paragraphen werden ergänzt durch die §§ 38, 39, 42 Abs. 4, 46 Abs. 2 und 3, 48, 87 Abs. 2, 88 GKG, §§ 14, 18, 19 GO. Über eine ganze Anzahl von Geschäften fehlt jede gesetzliche Bestimmung. Die Grundsätze der Wertfeststellung für diese Geschäfte sind auf Grund der vorhandenen Bestimmungen zu finden.

2 Zu Nr. 1. Das Wort Sache umfaßt auch hier körperliche Sachen und Rechte, insbesondere Forderungen, A. 2 zu § 18 GKG. Gemeiner Wert ist der Verkaufs- oder Verkehrswert, der durch den Preis bestimmt wird, der im gewöhnlichen Geschäftsverkehr nach der Beschaffenheit der Sache oder des Rechtes ohne Rücksicht auf persönliche oder andere ungewöhnliche Verhältnisse zu erzielen ist. Nicht der Nutzen, den eine Sache zurzeit dem jeweiligen Eigentümer leistet, sondern die Nutzbarkeit, d. h. der Nutzen, den sie jedem Eigentümer leisten kann, bestimmt den gemeinen Wert, KG. 25 B 16; BürBl. 13, 34. Der Bilanzwert ist gleichgültig, KG. in BürBl. 02, 274. Es ist stets der Wert zur Zeit der Fälligkeit der Gebühr maßgebend, KG. in DJSekr. Sonderblatt 16, 89, Beushausen S. 93, vgl. A. 1 zu § 19 GKG. Die mit der Sache verbundenen Rechte und die auf ihr lastenden Verpflichtungen, z. B. Pfand- oder Hypothekenrechte, bleiben unberücksichtigt, RG. in JW. 86, 89. Ist ein Grundstück in den städtischen Bebauungsplan aufgenommen, so entscheidet, selbst wenn es noch als landwirtschaftliches Grundstück benutzt wird, der höhere Wert als Bauland, KG. v. 3. Aug. 1897 — Y 355/97 — bei Schulz A. 3 zu § 21 GKG. alter Fassung. Bei Schenkungen entscheidet der gemeine Wert. Der Wert eines auf dem Grundstücke betriebenen Geschäftes, insbesondere eines Gasthofs oder einer Schankwirtschaft, einer Apotheke, Theaters, Steinbruchs, Sand-

oder Kiesgrube, ist dem Werte des Grundstücks hinzuzurechnen, wenn das Geschäft mit dem Grundstücke so eng verbunden ist, daß es anderswo nicht mit demselben Erfolge betrieben werden kann, nicht aber, wenn die Verbindung eine zufällige ist, so daß das Geschäft auch ohne wesentlichen Schaden verlegt werden kann. Im ersten Falle tritt eine Werterhöhung des Grundstücks ein, im letzten nicht, KG. 31 B 39; RG. 49, 321; RG. in DNV. 15, 581; Mügel A. 2 zu § 21 GKG. alter Fassung; a. M. Beushausen in DNV. 12, 887; Bleugels in NZ. 12, 126. Bei Tauschverträgen entscheidet in Verbindung mit § 38 GKG. der Wert derjenigen Sache, die den höheren Wert hat; haben beide vertauschte Sachen den gleichen Wert, so ist dieser nur einmal zu nehmen. Bei der Leihe ist nicht die geliehene Sache Gegenstand des Vertrags, sondern die Leistung des Leihens. Ebenso Mügel A. 10, a. M. Schulz A. 8 zu § 21 GKG. alter Fassung. Durch Schätzung ist der Wert zu finden, den das Leihen für den Entleiher hat. Dieser Wert kann sich unter Umständen mit dem Werte der geliehenen Sache decken. Bei Darlehen liegt die Sache eigentlich ebenso, in der Praxis wird aber unbestritten stets der Wert des geliehenen Geldes der Liquidation zugrunde gelegt. Der gemeine Wert der Sache entscheidet bei der Einbringung eines Grundstücks in eine Gesellschaft, wenn das Entgelt auch nur teilweise in Gewährung von Anteilsrechten besteht, KG. in Rhein. Archiv 91 II 54, ebenso bei der Vereinbarung zweier Gesellschafter, daß im Falle des Todes des einen das Geschäft mit Grundstück ohne Liquidation auf den anderen übergehen soll, Mügel A. 3 zu § 21 GKG. alter Fassung. Bei Gutsüberlassungsverträgen Art. 15 Abs. 1 AG. z. BGB. soll nicht der vereinbarte Preis, sondern der gemeine Wert des Grundstücks maßgebend sein, KG 19, 138; 17, 142; vgl. besonders KG. 39 B 30 und 30 B 8. Hierbei ist bei der Beurkundung der Wert des Inventars zu berücksichtigen. Der zu öffentlichen Wegen verwendete Grund und Boden hat einen gemeinen Wert, und zwar in dem Preise, der sich bei einer Veräußerung des Wegeareals erzielen läßt, KG. 25 B 16. Die abweichende Bestimmung des Gesetzes für den Kaufvertrag entspricht der Tarifstelle 32 des früheren Stempelsteuergesetzes vom 30. Juni 1909 (GS. 535) und der Tarifstelle Nr. 7 des jetzigen vom 27. Okt. 1924 (GS. 627). Sie enthält meiner Meinung nach die allgemeine Regel, daß bei allen Verträgen, bei denen ein Preis zu zahlen ist, dieser Preis mit Hinzufügung des Wertes der vorbehaltenen Nutzungen und ausbedungenen Leistungen den Wert darstellt. Preis ist alles, was als Entgelt für die Übertragung des Eigentums einer Sache gewährt oder geleistet wird, Schulz A. 5 zu § 21 GKG. alter Fassung. Die allgemeine Regel muß in erster Linie für den Werkvertrag gelten. Bei Verwahrungs- und bei Verwaltungsverträgen entscheidet die Vergütung, wenn eine solche geleistet wird; wird keine geleistet, so ist nicht die verwahrte oder verwaltete Sache Gegenstand des Vertrags, sondern die Leistung der Verwahrung und Verwaltung. Diese Leistung ist zu schätzen. Bei Abtretung eines Rechtes entscheidet, wenn der Preis angegeben wird, in der Regel gleichfalls dieser. Ein anderer Wert ist jedoch dann anzusetzen, wenn nach der allgemeinen Verkehrsanschauung oder nach der erkennbaren Auffassung der Beteiligten der wirtschaftliche Wert des Rechtes anders zu veranschlagen ist. Es ist stets, auch bei Abtretungen eines Geschäftsanteils einer G. m. b. H., auf den wahren Wert der Forderung zurückzugehen, KG. 18, 169; 27 B 14; 39 B 48; 50, 257. Ist kein Preis angegeben, so entscheidet ohne weiteres der Wert des abgetretenen Rechtes. Es ist gleichgültig, ob es sich um den obligatorischen Kausal- oder den dinglichen Vertrag handelt. Bei Abtretung des Rechtes aus dem Meistgebot ist in erster Linie gleichfalls der Wert der Gegenleistung, wenn aber ein solcher nicht ausbedungen, der gemeine Wert des Grundstücks Gegenstandswert, RJ. 08, 232. Der Wert des Anspruchs aus einem Lebensversicherungsvertrag richtet sich vor dem Eintritte des Versicherungsfalls nicht nach der Versicherungssumme, sondern ist unter Berücksichtigung des Rückkaufswerts und der sonstigen Umstände des Falles nach freiem Ermessen zu schätzen, KG. 50, 255; vgl. ferner Mügel A. 6 zu § 21 GKG. alter Fassung. Der Wert einer Verfügung über den Nachlaßanteil richtet sich nach dem wirklichen Werte, den dieser Anteil noch hat, KG. 52, 272. Über Gutsüberlassungsverträge s. oben. Ist aber der gemeine Wert der verkauften Sache höher, so entscheidet auch in allen diesen Fällen nur der gemeine Wert. Die Folge ist, daß stets der höhere Wert in Ansatz kommt, wichtig insbesondere bei Kaufverträgen über Grundstücke, bei denen zurzeit die Angabe eines zu niedrigen Kaufpreises beliebt geworden ist. Es sind alle in Betracht kommenden Umstände zu berücksichtigen. Die Benutzung bequemer Schemata ist zu verwerfen. Vgl. dazu die Durchführungsbestimmungen zu § 11 des Grunderwerbsteuergesetzes vom 27. Februar 1924 (RGBl. 156).

Vorbehaltene Nutzungen im Sinne des § 20 GKG. sind nur solche, die sich der Verkäufer ausdrücklich durch Vertrag über die ihm nach dem Gesetze zustehenden hinaus, § 446 BGB., vorbehält, Mügel A. 7, Schulz A. 6 zu § 21 GKG. alter Fassung. Über Fossilien und Mineralien vgl. noch KG. 25 B 84. Es gehört hierher der Vorbehalt seitens des Verkäufers auf den Anteil eines Amortisationsfonds, der satzungs- oder vertragsgemäß mit dem Grundstück verbunden oder dem jeweiligen Grundstückseigentümer zusteht, RG. in DNV. 13, 472.

Ausbedungene Leistungen sind diejenigen, welche der Käufer nicht kraft gesetzlicher Bestimmung, sondern auf Grund des besonderen Vertragsinhalts neben der Zahlung des Geldpreises als Entgelt für die Überlassung des gekauften Gegenstandes zu bewirken hat, vorausgesetzt, daß es sich um Vermögensvorteile handelt, die dem Verkäufer oder einem von ihm bestimmten Dritten neben dem Geldpreise zufließen, und daß der Vermögensvorteil nicht lediglich in der Befreiung von einer erst durch den Kauf oder die Veräußerung erwachsenden Verpflichtung besteht, KG. vom 8. April 1903 — I Y 299/03 — und 2. Mai 1904 — I Y 429/04 — bei Heinitz S. 446, KK. 1, 67. Es gehören hierher die Übernahme der persönlichen Verpflichtungen, für welche Hypotheken, Grundschulden und Rentenschulden auf dem verkauften Grundstücke haften, ebenso die Übernahme der persönlichen Verpflichtung, für einen Altenteil zu haften, oder die Übernahme eines neubegründeten Altenteils, KG. in JMBl. 23, 369. Ferner gehören hierher der Vorbehalt von Räumen, BürBl. 1903, 70, und die Verpflichtung zur Räumung eines Hauses, RFH. in BürBl. 1924, 68, die Übernahme der Passiva beim Verkaufe eines Handelsgeschäfts, RG. 46, 266, die Übernahme der Provision des Vermittlers, KG. 19, 186, die der Verkäufer zu zahlen verpflichtet ist, und der Kosten einer vom Verkäufer zu löschenden Hypothek, KG. 30 B 8, die Übernahme der Wertzuwachssteuer, Mügel A. 9 zu § 21 GKG. alter Fassung, Beushausen S. 98, JW. 23, 237, die Zahlung einer Abstandssumme an den Grundstückspächter, KG. v. 14. Mai 1900 — Y 271/00 — bei Schulz A. 7 zu § 21 GKG. alter Fassung. Bestellt der Käufer für öffentliche Lasten, selbst wenn diese ohne weiteres auf ihn übergehen (s. unten), eine Sicherungshypothek, so ist deren Wert als ausbedungene Leistung dem Kaufpreise hinzuzurechnen, KG. 41, 343. Bei Verkauf eines Grundstücks unter Einräumung des Nießbrauchs und des Altenteils für den Verkäufer wird nur die wertvollere Leistung zugerechnet, KG. 30 B 8. Kalisalzwerk s. KG. 27 B 6, Polenklausel RG. 84, 391 und dazu DNV. 15, 588.

Nicht dem Kaufpreise hinzuzurechnen sind die Verpflichtungen, die kraft Gesetzes übergehen oder die der Käufer kraft Gesetzes zu tragen hat, die dingliche Haftung für einen Altenteil, KG. 28 B 26 und in JMBl. 23, 369, für Hypotheken, Grundschulden und Rentenschulden, wenn die persönlichen Verpflichtungen nicht übernommen werden, die öffentlichen Abgaben und andere öffentliche Lasten, die zur Eintragung in das Grundbuch nicht geeignet sind, und die dinglichen Belastungen, Reallasten und Grundgerechtigkeiten, Dienste, Naturalleistungen, Zehnten, Laudemien, Weidezins, die der Käufer kennt, ein Erbkanon, auch wenn im Kaufvertrage die ausdrückliche Übernahme dieser Lasten erklärt wird, KG. 30 B 8, OLG. 17, 258, die Übernahme der Kosten, Stempel und Umsatzsteuer, Mügel A. 9 zu § 21 GKG. alter Fassung, Heinitz S. 449, KG. 19, 18 und in JMBl. 23, 369. Anliegerbeiträge für den Straßenbau sind bei unbebauten Grundstücken nicht dem Kaufpreise hinzuzurechnen, Schulz A. 7 zu § 21 GKG. alter Fassung; ebenso nicht übernommene rückständige Leistungen aus der Besitzzeit des Verkäufers, KG. in JMBl. 23, 369; a. M. Meyer in DNV. 23, 169; vgl. auch noch OLG. 23, 290.

3 Nr. 2. Unter Besitz wird hier nur das Besitzverhältnis als solches verstanden, z. B. bei einem Vergleiche zur Erledigung eines Besitzprozesses, wenn der Besitz dauernd einem der Streitenden übertragen wird, nicht aber bei Beurkundungen von Leih-, Verwahrungs- und ähnlichen Verträgen, A. 2 oben; ebenso Mügel A. 10 zu § 21 GKG., a. M. Bartscher A. 7 und Schulz A. 8 zu § 21 GKG., sämtlich alter Fassung. Bei Herausgabe von Wechseln, Hypothekenbriefen und sonstigen Urkunden entscheidet nicht der Betrag der Forderung, sondern der der Urkunden, der gemäß § 19 GKG. zu schätzen, evtl. gemäß § 22 GKG. anzunehmen ist, OLG. 1, 468. Die Bestimmung der Nr. 2 des Paragraphen gilt dem Texte nach nur in der Regel. Ausnahmen sind daher zulässig. Die Regel tritt nicht ein, wenn ihre Anwendung unbillig wäre, z. B. wenn bei einem Vergleiche zur Erledigung eines Besitzprozesses der Besitz nur auf kürzere Zeit einem der Streitenden übertragen wird.

4 Zu Nr. 3. Betrag der Forderung ist in der Regel ihr Nominalbetrag ohne Hinzurechnung der Zinsen, § 19 Abs. 2 GKG., jedoch kann ausnahmsweise der reale Wert in Betracht kommen, wenn dieser niedriger ist, KG. 18, 169 und im BürBl. 13, 38. Über betagte und bedingte Forderungen s. A. 5 zu § 19 GKG. Die Bezeichnung Pfandrecht im Sinne des § 20 Nr. 3 GKG. umfaßt auch Hypotheken und Grundschulden. Entscheidet der Wert des Pfandgegenstandes, so sind vorhergehende Belastungen nicht abzuziehen, RG. 22, 388. Bei Hypotheken soll, meiner Meinung nach unrichtig, nach KG. im BürBl. 10, 33 stets der Nominalwert der Hypothek entscheiden, wenn auch voraussichtlich auf Befriedigung aus dem Grundstücke nicht zu rechnen ist. Es kommt auch hier nur der reale Wert in Betracht. Die Frage ist jetzt besonders infolge der Herabsetzung des Wertes auf 15 % ihres urspringlichen Betrags wichtig. Es kann m. M. nach nur der Wert dieser 15 % in Betracht kommen.

Sicherstellung ist die Bestellung einer Bürgschaft, die Bewilligung der Eintragung einer Vormerkung, KG. 28 B 54. Unter den Begriff der Sicherstellung fällt nicht bloß die akzessorische Sicherstellung der Forderung, auch selbständige Sicherungsrechte, wie ein selbständiges Garantieversprechen, die kumulative Schuldübernahme fallen darunter. Nicht fallen jedoch darunter solche Rechtsgeschäfte, die an sich mit der Sicherstellung einer Forderung begrifflich nichts zu tun haben, wie die fiduziarische Eigentumsübertragung, Begründung und Übertragung dinglicher Rechte, z. B. des Nießbrauchs, KG. 34 B 18, Abtretung von Forderungen und anderen Rechten, KG. 47, 287. Die Entscheidung KG. 32 B 14 ist veraltet. Der Zweck oder das Interesse der Beurkundung kommt nicht in Betracht, selbst die Erwähnung des Zweckes oder des Interesses in der Urkunde ist gleichgültig. Der § 20 Nr. 3 GKG. erfordert ein objektives Sicherungsrecht.

Für die Vormerkung ist Gegenstandswert der Wert des Rechtes, um dessen Sicherstellung es sich handelt, z. B. bei der Auflassungsvormerkung derjenige des Grundstücks, KG. 32 B 20. Für die Zustimmung des Hypothekengläubigers zur Aufhebung des Feuerversicherungsvertrags über das Grundstück entscheidet der Betrag der Hypothek und, falls dieser niedriger ist, der Betrag der Versicherungssumme, KG. v. 18. Juni 1909 — I a X 513/1909 — bei Brathuhn A. 14 zu § 21 GKG. alter Fassung. Bei der Erklärung der Entlassung eines Trennstücks aus der Mithaft entscheidet stets der Wert dieses Trennstücks, KG. 38 B 20, bei einem Widerspruche, daß der Widersprechende Eigentümer eines Grundstücks sei, der Wert des Grundstücks, KG. im BürBl. 1903, 251.

Die gesamten Bestimmungen über das Pfandrecht gelten nur, wenn es sich um die bloße Beurkundung des Pfandrechts handelt; wird auch die Forderung beurkundet, für welche das Pfandrecht haftet, so ist stets die Beurkundung der Forderung das Hauptgeschäft, die der Verpfändung das Nebengeschäft, auch wenn das Pfand wertvoller ist als die Forderung. Es entscheidet stets der Betrag, evtl. der Wert der Forderung, so insbesondere bei Schuldverschreibung mit Begründung einer Hypothek, Abtretung von Forderung und Hypothek. Der § 63 GKG. kommt für Notare überhaupt nicht in Betracht. Auch bei Hypotheken, Grundschulden sowie Rentenschulden ist der Wert evtl. festzustellen.

Treten bei Vorrangseinräumungen mehrere Posten zurück oder vor, so sind diese mehreren Posten zusammenzurechnen und dann die beiden sich ergebenden Posten zu vergleichen. Bei Einräumung des gleichen Ranges ist jeder Posten mit der Gesamtsumme aller übrigen zu vergleichen. Es entscheidet stets die niedrigste Summe, Mügel A. 12; a. M. Bartscher A. 13 zu § 21 GKG. alter Fassung.

Der Wert des Grundstücks darf bei Vorrangseinräumungen niemals überschritten werden, KG. 17, 158.

Die für die Vormerkung aus § 1179 BGB. gegebene Vorschrift bezieht sich nur auf Vormerkungen zugunsten nachstehender Gläubiger, KG. 52, 279, und ist nicht auf andere Löschungsvormerkungen auszudehnen, KG. 43, 351; bei diesen anderen Löschungsvormerkungen entscheidet § 18 Abs. 1 Satz 2 GKG. A. 4 dazu.

Der letzte Satz der Nr. 3 bezieht sich auf alle in dieser Nr. 3 aufgeführten Geschäfte. Die Erläuterung s. A. 12 zu § 39 GKG.

5 Zu Nr. 4. Die Nummer enthält eine grundsätzliche Anordnung. Sie ist auf gesetzliche Eigentumsbeschränkungen, Reallasten, persönliche Belastungen des Grundstücks, die inhaltlich einer Grunddienstbarkeit ähnlich sind, RG. 29, 406 für § 7 ZPO., z. B. die Verpflichtung zum Anbau und Ablieferung von Zuckerrüben, anzuwenden, soweit nicht Nr. 5 des Paragraphen Platz greift, Mügel A. 15 zu § 21 GKG. alter Fassung. Die einem

Dritten gegenüber übernommene Verpflichtung, das belastete Gut nur mit dessen Zustimmung zu verpachten, ist gleich dem Werte zu schätzen, um den sich der Wert des Gutes durch diese Verfügungsbeschränkung verringert. Das Erbbaurecht ist keine Grunddienstbarkeit, ebenso Mügel A. 15 zu § 21 GKG. alter Fassung, sein Wert ist ebenso wie bei Grundstücken zu bestimmen. Die sog. Kalisalzverträge sind jedesmal besonders zu prüfen und ihrem Inhalte nach festzustellen. KG. 27 B 6 kann nicht generell angewendet werden, Mügel A. 15 zu § 21 GKG. alter Fassung. Über Verträge, Elektrizität zu beziehen, vgl. KG. 36 B 23.

6 Zu Nr. 5. Hierunter fallen die nachträgliche Erhöhung oder Herabsetzung des Zinsfußes einer Hypothek für die Zukunft, sowohl wenn die Zeit feststeht, gemäß Abs. 12 des § 6 StStG., als auch nach der Ansicht des KG., wenn sie nicht feststeht; im letzten Falle soll regelmäßig der 12½ fache Jahresbetrag zu nehmen sein, KG. 19, 144, 157, Schulz A. 19 zu § 21 GKG. alter Fassung. Meiner Meinung nach ist aber im letzten Falle der Wert gemäß § 40 Abs. 2 GKG. festzusetzen. Unter Nr. 5 fiel ferner die Beurkundung des von einem Offizier zur Erlangung der Heiratserlaubnis erbrachten Nachweises eines ihm aus fremden Vermögen zufließenden Einkommens, KG. 19, 162. Es fällt darunter diejenige eines Nießbrauchs, KG. 17, 132. Wert des Nießbrauchs an Grundstücken ist der Bruttoertrag abzüglich der Wirtschaftskosten und der öffentlichen, vom Nießbraucher zu tragenden Lasten, nicht aber der Hypothekenzinsen; als Bruttoertrag kann der Gebäudesteuernutzungswert gelten, KG. 34 B 18, B 292, 41, 292, ebenso Mügel A. 16 zu § 21 GKG. alter Fassung. Es gehören sodann hierher das Altenteil, die Leibrente, Reallasten, Wohnungsrechte. Wiederkehrend ist ein Bezugsrecht, wenn dessen zu schätzender Jahreswert für mehrere Jahre der gleiche sein soll. Der tatsächliche Betrag kann ein verschiedener sein. Der Wert des jährlichen Bezugsrechts ist zu schätzen, KG. 17, 136, 19, 163. Es ist gleichgültig, ob die Nutzungen oder Leistungen ablösbar sind oder nicht, KG. 28 B 80. Bei der Getreiderente hält das KG. die Regeln der Nr. 5 nicht für anwendbar, sondern hält die Höhe der Ablösungssumme unter Zugrundelegung desjenigen Kurses, den der Roggen am Tage des gebührenpflichtigen Aktes hat, für den Wert, KG. im BürBl. 23, 278.

Besonders geregelt ist in der zweiten Hälfte des ersten Satzes die Wertberechnung für Renten unter näheren Verwandten, Verschwägerten und Ehegatten sowie in Satz 3 diejenige der Rente des unehelichen Kindes.

Der Wert eines Dienstvertrags von unbestimmter Dauer wird in der Praxis nach den Grundsätzen des StStG. auf den 12½ fachen Betrag des jährlichen Dienstlohns festgesetzt, ebenso Beushausen S. 107; meiner Meinung nach mit Unrecht, das Prinzip des Gesetzes ist in Nr. 6 dieses Paragraphen festgelegt. Es kann nur der einjährige Betrag des Dienstlohns als Wert in Betracht kommen. Die Regel der Nr. 10 des § 6 StStG. findet auf juristische Personen keine Anwendung. Bei ihnen ist höchstens der 12½ fache Betrag der Jahresnutzung zu berechnen, KG. 41, 293.

Die Tabelle für Nr. 5 befindet sich am Ende dieses Buches hinter Kostentabelle A. Die Verweisung auf das alte Stempelgesetz ist gemäß der ausdrücklichen Bestimmung des § 35 Abs. 2 des neuen StStG. vom 27. Okt. 1924 (GS. 639) bestehen geblieben.

7 Zu Nr. 6. Der Absatz enthält meiner Meinung nach eine allgemeine Regel. Sie gilt bei Verträgen ähnlicher Art, die auf unbestimmte Dauer geschlossen sind und deren Dauer von vornherein nicht auf besonders lange Zeit berechnet ist, besonders für Dienstverträge, A. 6. Die Bestimmung gilt nicht für die Abtretung von Mieten, hier ist bei unbestimmter Dauer der abgetretenen Mieten deren 12½ facher Betrag als Wert anzunehmen, KG. in NZ. 1911, 187 und DNB. 1912, 354. Verpachtung eines Grundstücks als Tongrube fällt hierunter, KG. v. 27. Juni 1898 — Y 343/98 — bei Schulz A. 22 zu § 21 GKG. alter Fassung. Über Kalisalzverträge s. A. 5.

8 Zu Nr. 7. Der Wert der einjährigen Nutzungen und Rechte ist zunächst festzustellen und wenn dies nicht möglich ist, gemäß § 6 Nr. 8 StStG. zu bestimmen. Vgl. auch noch KG. 46, 279. Die Entscheidung des KG. im JMBl. 1916, 303 bezieht sich nur auf die Eintragung des Fideikommißbesitzes und der Fideikommißnachfolger im Grundbuche und kann auf Beurkundungen nicht angewendet werden.

9 Zu Nr. 8. Wenn aus besonderen Gründen kein Kurs sonst kurshabender Papiere existiert, wie z. B. bei Aufhebung des Börsenverkehrs, so ist der Wert der Wertpapiere gemäß § 18 Abs. 2 GKG. zu schätzen und äußerstenfalls, wenn dies gar nicht möglich sein sollte, gemäß § 22 GKG. anzunehmen. KG. 53, 287. Das Papier braucht bei Bestimmung des Tageskurses nicht gerade am Stichtage amtlich notiert zu sein. Es genügt, daß dies innerhalb eines so begrenzten Zeitraums erfolgt ist, daß die letzte vor dem Stichtage oder die nächste nach dem Stichtage erfolgte Notierung den Umständen nach auch für den Stichtag als maßgebend angesehen werden kann. Maßgebend kann auch unter Umständen der an einer ausländischen Börse festgesetzte Kurswert sein. In diesem Falle hat die Umrechnung in deutsche Währung nach dem Tageskurse zu erfolgen, KG. 53, 280. Die Festsetzung von Mittelwerten kann unter Umständen gegenstandslos werden, wenn die festgesetzten Werte aufhören, als Mittelwerte zu gelten, KG. 53, 289.

10 Zu Nr. 9. Der Betrag der Vermögens- oder der Nachlaßmasse kommt für die Wertberechnung in Betracht bei Verfügungen von Todeswegen (§ 42 GKG.), Auseinandersetzungen, (§ 11 GO.), eidesstattlichen Versicherungen zwecks Erlangung des Erbscheins und anderer öffentlicher Scheine (§ 47 GKG.), Eheverträgen (§ 38 Abs. 5 GKG.)

Hausrat und andere bewegliche körperliche Gegenstände. Damit ist deutlich ausgedrückt, daß sämtliche bewegliche körperliche Sachen bei der Wertberechnung nicht in Ansatz kommen, jedoch wieder mit der Ausnahme, daß bewegliche Sachen, die nicht zum Hausrat gehören, nicht abzuziehen sind, sobald sie der Vermögenssteuer unterliegen. Nach § 9 Nr. 7 u. 8 des Vermögenssteuergesetzes vom 8. April 1922 (GS. 338) unterliegen der Vermögenssteuer Gegenstände aus edlem Metall, Schmuck- und Luxusgegenstände, sofern der Anschaffungspreis für den einzelnen Gegenstand zehntausend Mark und darüber betragen hat, ferner Kunstgegenstände und Sammlungen, sofern sie nach dem 31. Juli 1914 angeschafft sind und der Anschaffungspreis für den einzelnen Gegenstand zwanzigtausend Mark und darüber oder für mehrere gleichartige oder zusammengehörige Gegenstände zweihunderttausend Mark und darüber betragen hat und sofern sie nicht von lebenden oder seit fünfzehn Jahren verstorbenen deutschen Künstlern geschaffen sind.

Die Bestimmung der Nr. 9 des § 20 GKG. ist durch Gesetz vom 12. April 1923 hinzugefügt, augenscheinlich zu dem Zweck, die Kosten- und Gebührenrechnungen zu vereinfachen und zu erleichtern. Vgl. auch besonders § 87 Abs. 2, § 88 GKG. und A. dazu.

GKG. § 22.

Nicht vermögensrechtliche Angelegenheiten.

(1) Bei nicht vermögensrechtlichen Angelegenheiten wird der Wert des Gegenstandes zu 3000 Goldmark, ausnahmsweise höher oder niedriger, jedoch nicht über 100000 Goldmark und nicht unter 200 Goldmark, angenommen.

(2) In Ermangelung genügender tatsächlicher Anhaltspunkte für eine anderweite Wertschätzung sind die Vorschriften des Abs. 1 auch in anderen Fällen entsprechend anzuwenden.

(3) Ist mit einer nicht vermögensrechtlichen Angelegenheit eine mit ihr zusammenhängende vermögensrechtliche verbunden, so ist nur ein Wert, und zwar der höhere, maßgebend.

1 Es handelt sich in Abs. 1 nur um Angelegenheiten des Personen- und Familienrechts, vgl. KG. 21 B 24, des öffentlichen Rechtes und um gewisse Angelegenheiten des Erbrechts, s. A. 1 und 2 zu § 87 GKG., z. B. um einen Verlöbnisvertrag, einen Vertrag unter Eheleuten über das Getrenntleben, über Kindererziehung, um die Annahme an Kindesstatt, die Anerkennung der Vaterschaft eines unehelichen Kindes, KG. in DNV. 1914, 636, die Ernennung eines Testamentsvollstreckers durch die vom Erblasser bezeichnete Person, eines Nachfolgers oder Mitvollstreckers durch den Testamentsvollstrecker, KG. in DNV. 1914, 640, die Annahme, KG. 33 B 12, Ablehnung oder Kündigung des Amtes als Testamentsvollstrecker,

die eidesstattliche Versicherung zum Zwecke der Erlangung eines Testamentsvollstreckerzeugnisses, KG. 45, 369, 52, 282, JMBl. 14, 532 und DNV. 14, 641, die Erteilung der Heiratserlaubnis, KG. 21 B 24, die Benennung eines Vormundes oder Gegenvormundes durch die dazu berechtigte Person, die Änderung des Vor- oder Familiennamens.

Der § 22 Abs. 1 GKG. findet gemäß ausdrücklicher Anordnung in den Fällen des § 38 Abs. 2, 4, 5 GKG. Anwendung. Der § 46 GKG. enthält eine ähnliche Bestimmung. Auch bei mehreren nicht vermögensrechtlichen Angelegenheiten, die in einer Urkunde erledigt werden, ist nur ein einziger Wert anzunehmen. Der Abs. 1 des § 22 GKG. kommt auch für Beurkundungen zur Anwendung, wenn in anderen Bestimmungen des GKG., die sich nicht auf Beurkundungen beziehen, auf ihn Bezug genommen ist, so in § 60 Abs. 2 GKG., KG. 53, 304, das bei dieser Gelegenheit auch den wichtigen Grundsatz in KG. 39 B 24 ff. wiederholt, daß es nach der Gestaltung des GKG. ausgeschlossen erscheint, daß die Gebühr für die Eintragung nach einem niedrigeren Gegenstandswerte berechnet werden sollte als die Gebühr für den entsprechenden Eintragungsantrag. Nach § 22 Abs. 1 GKG. richtet sich insbesondere die Wertberechnung von Beurkundungen zum Zwecke der Teilung von Grundstücken ohne Veränderung des Eigentümers, ihrer Übertragung auf ein anderes Blatt, der Eintragung des Schätzungswerts, der Feuerversicherungssumme, des Erwerbsgrundes oder Erwerbspreises, des Verzichts auf das Eigentum, KG. 53, 303, der nachträglichen Ausschließung der Erteilung eines Briefes oder der Aufhebung dieser Ausschließung, der Anträge auf Anlegung oder Schließung eines Grundbuchblattes, auf Eintragung von Rechten, die dem jeweiligen Eigentümer zustehen, § 60 Abs. 1 GKG.

Der Text des Gesetzes ist klar, der regelmäßige Wert ist 3000 Goldmark. (Bisher ist für preußische Gesetze eine Umstellung der Bezeichnung „Goldmark" in „Reichsmark" nicht erfolgt.) Ein höherer oder niedrigerer Wert könnte nach dem Wortlaut des Gesetzes nur eine Ausnahme bilden. Jedoch hat die Praxis einen anderen Weg eingeschlagen, der auch durch das Kammergericht gebilligt worden ist, KG. 52, 282. Der Wert ist stets unter Berücksichtigung aller Umstände anzusetzen. Der Durchschnittssatz von 3000 Goldmark ist nicht schematisch anzuwenden, es sind die Wichtigkeit des Gegenstandes, die Vermögensverhältnisse der Beteiligten und anderes in Betracht zu ziehen. Vgl. auch die übereinstimmende Erklärung der Regierung und Kommission des Abgeordnetenhauses zum GKG. von 1910 S. 15.

2 Der Abs. 2 kommt nur dann zur Anwendung, wenn jede Möglichkeit einer Schätzung fehlt, A. 7 zu § 18 GKG., KG im BürBl. 12, 128, z. B. bei Vollmachten, wenn sich nicht feststellen läßt, welchen Wert die Handlung hat, die der Bevollmächtigte vornehmen soll, bei Anmeldungen

und Abtretungen von Patenten und Schutzrechten, deren Wert sich erst in der Zukunft ergeben wird, ferner bei der Anmeldung der Eintragung oder Löschung einer Firma eines Einzelkaufmanns oder einer offenen Handelsgesellschaft oder eines Prokuristen zum Handelsregister, bei den Anmeldungen zum Vereinsregister, bei Kündigungen und Mahnungen, Fristverlängerungen und Abänderungen bestehender Verträge, sobald eine Schätzung nicht möglich ist, KG. 38 B 15, bei Grundbucheinsichten durch den Notar sowie bei Erteilung von einfachen und beglaubigten Abschriften, bei beiden (Grundbucheinsicht und Erteilung von Abschriften), wenn sich ein Wert durch Schätzung nicht feststellen läßt, bei der Unterwerfung unter die Zwangsvollstreckung, KG. 41, 285, und der Ernennung eines Liquidators, KG. 42, 295, bei dem Antrage auf Eintragung der Verlegung des Heimatsortes eines Schiffes, KG. 51, 373. Der Wert ist regelmäßig wie in den Fällen des Abs. 1 anzunehmen, s. A. 2. Eine Aufstellung von Werten nach Prozenten ist, so praktisch sie erscheinen mag, durch die Gesetze abgeschafft und ausgeschlossen, KG. 41 B 289. Der Vorschlag der FrN. im DNV. 1914, 287, bei Beglaubigungen einer Unterschrift der Vorstandsmitglieder unter Anmeldungen zum Vereinsregister regelmäßig einen Wert von 20 000 ℳ anzunehmen, verstößt gegen das Gesetz.

3 Der Abs. 3 ist anwendbar bei Anerkennung unehelicher Kinder unter Vereinbarung bestimmter Alimente, OLG. 4, 395 und KG. in der DNV. 1914, 636, bei der Annahme an Kindesstatt unter gleichzeitiger Vereinbarung über die vermögensrechtlichen Folgen, Mügel A. 5 zu § 23 GKG. alter Fassung, bei einem Vertrage in Beziehung auf das Getrenntleben der Ehegatten unter Vereinbarung über die Unterhaltsansprüche der Frau. Verschieden hiervon sind diejenigen Fälle des § 39 GKG., bei welchen keine Einheit des Vertrags vorliegt, z. B. Beurkundung eines Eheversprechens der Brautleute und des Versprechens eines Elternteils der Braut, eine Mitgift zu geben, OLG. 9, 213; vgl. auch KG. 17, 224; a. M. Mügel A. 5 zu § 23 GKG. alter Fassung. Nicht anwendbar ist der Abs. 3 bei Verbindung der Erklärung der Erbschaftsannahme, der Abgabe der eidesstattlichen Versicherung behufs Erlangung des Erbscheins und des Antrags auf Erteilung dieses Erbscheins oder der Annahme des Amtes als Testamentsvollstrecker, der Abgabe der eidesstattlichen Versicherung behufs Erlangung des Testamentsvollstreckerzeugnisses und des Antrags auf Erteilung dieses Zeugnisses. Hier soll nur der Wert der eidesstattlichen Versicherung entscheiden. Die übrigen Erklärungen sind nur Nebengeschäfte, A. 4 a. E. zu § 47 GKG. Werden zwei vermögensrechtliche Geschäfte, bei denen für das eine der Wert nach Abs. 2 des § 22 GKG. angenommen, der Wert des anderen jedoch gemäß § 18 GKG. geschätzt werden muß, zusammen beurkundet, so entscheidet über die Zusammenrechnung der Werte § 39 GKG., KG. 17, 215; 17, 219; 19, 162.

GKG. § 87.

Erbrechtliche Erklärungen.

(1) Für die Entgegennahme von Erklärungen, Anmeldungen und Anzeigen seitens des Nachlaßgerichts, einschließlich der Beurkundung oder Beglaubigung durch das Nachlaßgericht, für die Entgegennahme des Inventars, einschließlich der Anordnung wegen Aufnahme des Inventars durch eine zuständige Behörde oder einen zuständigen Beamten oder Notar, für die Bestimmung oder Verlängerung einer Frist durch das Nachlaßgericht, für die nach den Vorschriften des Bürgerlichen Gesetzbuchs über Testamentsvollstrecker vom Nachlaßgerichte zu treffenden Anordnungen sowie für die Abhaltung des Termins zur Leistung des im § 2006 des Bürgerlichen Gesetzbuchs vorgesehenen Offenbarungseids werden fünf Zehnteile der vollen Gebühr erhoben. Finden diese Handlungen in Verbindung mit einem in diesem Abschnitte bezeichneten Verfahren statt, so wird eine besondere Gebühr für dieselben nicht erhoben. Im Falle der Anmeldung von Nachlaßforderungen auf Aufforderung eines Miterben wird die Gebühr nur einmal vom Miterben erhoben.

(2) Bei der Berechnung der Gebühren wird, sofern eine vermögensrechtliche Angelegenheit vorliegt, der Wert der Vermögensmasse nach Abzug der Schulden zugrunde gelegt.

1 Für Notare kommt allein Abs. 2 in Betracht. Ebenso Mügel A. 2 zu § 5 GO.; a. M. Schulz A. 7 zu § 89 GKG. alter Fassung, der den ganzen Paragraphen für Notare nicht für anwendbar erachtet. Jetzt ist auch noch § 20 Abs. 9 GKG. für die Berechnung der Aktivmasse zu berücksichtigen, s. A. 10 zu § 20 GKG. Der Abs. 2 des § 87 GKG. bestimmt die Wertberechnung bei notariellen Beurkundungen und Beglaubigungen der im Eingange des Paragraphen aufgeführten Erklärungen, Anmeldungen und Anzeigen an das Nachlaßgericht, z. B. §§ 1491 Abs. 1, 1492 Abs. 1, 1945, 1955, 1956, 1993, 2003, 2061, 2081, 2146, 2281, 2384 BGB. Ist die Masse überschuldet, so kommt die geringste Gebühr zum Ansatze, Mügel A. 5 zu § 89 GKG. alter Fassung. Für die Wertberechnung bei Abnahme der eidesstattlichen Versicherung zur Erlangung des Erbscheins sowie des Testamentsvollstreckerzeugnisses s. § 78 Abs. 4 und 7 GKG.; vgl. auch A. 1 zu § 22 GKG. Für Inventare gilt § 48 GKG.

2 Bei nicht vermögensrechtlichen Angelegenheiten, z. B. der Erklärung der Anfechtung der Ehe oder der Ehelichkeit, §§ 1342, 1597, 1599 BGB., der Erklärung der Annahme, Ausschlagung oder Kündigung des Amtes als Testamentsvollstrecker, der Ernennung oder Bestimmung eines Testamentsvollstreckers, §§ 2198, 2199, 2202, 2226 BGB., KG. 33 B 12, ist § 22 GKG. maßgebend, s. A. 1 zu § 22 GKG.

§ 3.

Gebühren. 1. Mindestbetrag.

(1) Der Mindestbetrag einer Gebühr beträgt 2 Goldmark, soweit nicht in dieser Gebührenordnung ein anderes bestimmt ist.

(2) Pfennigbeträge, welche ohne Bruch nicht durch 10 teilbar sind, sind auf volle 10 Goldpfennige aufzurunden.

1 Sind mehrere gesondert zu berechnende Gebühren zu erheben, so beträgt jede von ihnen mindestens 2 Goldmark, z. B. bei eidesstattlichen Versicherungen über verschiedene Erbfälle, KG. 16, 257. Besteht dagegen eine Gebühr aus dem Mehrfachen des Gebührensatzes, z. B. §§ 34, 35 GKG., oder ist eine erhöhte Gebühr, z. B. §§ 41, 48 Abs. 2 GKG. zu erheben, so wird nur das Mehrfache oder der erhöhte Betrag auf mindestens 2 Goldmark gebracht. Begr. 13 zu 1910.

2 Die in § 5 GO. angezogenen Teile des GKG. sind dadurch zu Bestandteilen der GO. geworden. Es liegt eine echte Verweisung vor. Es gelten daher nicht nur die in der GO., sondern auch die im GKG. vorgesehenen Ausnahmen gegen die Regel des § 3 GO. Solche Ausnahmen sind § 13 Abs. 5 GO., §§ 38 Abs. 6, 45, 49, 51 GKG.; KG. 18, 179; KV. z. PrFGG. 76.; KG. 41, 330.

Eine etwaige Wegegebühr des § 49 GKG. wird auf diese Gebühr nicht angerechnet, s. A. 4 zu § 49 GKG. Der Notar erhält daher für jeden Protest mindestens 2 Goldmark und die Wegegebühr oder 2 Goldmark und seine bar verauslagten Fahrkosten, KG. 41, 326. Das Nähere s. zu § 49 GKG.

3 Vgl. § 44 Nr. 4 GKG. über freiwillige Versteigerungen.

§ 4.

2. Volle Gebühr.

Volle Gebühr im Sinne dieser Gebührenordnung ist die im § 32 des Preußischen Gerichtskostengesetzes bestimmte Gebühr.

§ 5.

3. Sätze.

Soweit die Notare für die Geschäfte zuständig sind, über welche der zweite Abschnitt des ersten Teiles des Preußischen Gerichtskostengesetzes Bestimmung trifft, erhalten sie die daselbst für die Tätigkeit des Richters festgesetzten Gebühren.

1 Es handelt sich um die Beurkundungen von Rechtsgeschäften und Tatsachen, §§ 32 bis 37, 47 GKG., die Anerkennung des Inhalts einer

schriftlich abgefaßten Erklärung, § 40 GKG., die Anerkennung oder Beglaubigung von Unterschriften, § 41 GKG. (vgl. insbes. Abs. 3 das.), um Verfügungen von Todes wegen, § 42 GKG., Familienfideikommisse, § 43 GKG., freiwillige Versteigerungen von Grundstücken usw., § 44 GKG., Versteigerungen beweglicher Sachen, § 45 GKG., Mitwirkung bei Abmarkungen, Aufnahmen von Verklarungen, Protesten und ähnlichen Urkunden, Siegelungen, Entsiegelungen, um die Aufnahme von Schätzungen oder Vermögensverzeichnissen, §§ 47, 49 GKG., die Beglaubigung von Abschriften, § 50 Abs. 1 GKG., die Sicherstellung der Zeit, zu der eine Privaturkunde ausgestellt ist, § 50 Abs. 1 GKG. Über Entwürfe ohne und mit nachfolgender Beglaubigung s. § 9 GO. — Für eidesstattliche Versicherungen zum Zwecke der Erteilung des Erbscheins erhält der Notar die volle Gebühr des § 33 GKG. In Beziehung auf die Herstellung von Teilhypotheken und Teilschuldbriefen s. jetzt § 7 GO. und A. dazu.

2 Neben den für den Richter festgesetzten Gebühren erhält der Notar auch die in den §§ 6 und 20 GO. bestimmten Gebühren und Auslagen.

3 Der § 5 GO. enthält eine echte Verweisung. Die in ihm aufgeführten Paragraphen des GKG. sind so anzusehen, als ob sie in der GO. selbst enthalten wären, A. 2 zu § 3 GO. und A. 5 zu § 49 GKG., RG. 41, 328.

GKG. § 32.

Die volle Gebühr beträgt bei Gegenständen im Werte:

1.	bis 50 Goldmark einschließlich					2 Goldmark
2.	von mehr als	50 bis	100	Goldmark einschl.		3 „
3.	„ „ „	100 „	200	„	„	4 „
4.	„ „ „	200 „	300	„	„	5 „
5.	„ „ „	300 „	500	„	„	6 „
6.	„ „ „	500 „	1 000	„	„	8 „
7.	„ „ „	1 000 „	1 500	„	„	10 „
8.	„ „ „	1 500 „	2 000	„	„	12 „
9.	„ „ „	2 000 „	2 500	„	„	14 „
10.	„ „ „	2 500 „	3 000	„	„	16 „
11.	„ „ „	3 000 „	3 500	„	„	18 „
12.	„ „ „	3 500 „	4 000	„	„	20 „
13.	„ „ „	4 000 „	5 000	„	„	22 „
14.	„ „ „	5 000 „	6 000	„	„	24 „
15.	„ „ „	6 000 „	7 000	„	„	26 „
16.	„ „ „	7 000 „	8 000	„	„	28 „
17.	„ „ „	8 000 „	9 000	„	„	30 „
18.	„ „ „	9 000 „	10 000	„	„	32 „
19.	„ „ „	10 000 „	12 000	„	„	36 „

20.	von mehr als	12 000	bis	14 000	Goldmark einschl. . .	40	Goldmark
21.	„ „	„ 14 000	„	16 000	„ „ . .	44	„
22.	„ „	„ 16 000	„	18 000	„ „ . .	48	„
23.	„ „	„ 18 000	„	20 000	„ „ . .	52	„
24.	„ „	„ 20 000	„	22 000	„ „ . .	56	„
25.	„ „	„ 22 000	„	24 000	„ „ . .	60	„
26.	„ „	„ 24 000	„	26 000	„ „ . .	64	„
27.	„ „	„ 26 000	„	28 000	„ „ . .	68	„
28.	„ „	„ 28 000	„	30 000	„ „ . .	72	„
29.	„ „	„ 30 000	„	35 000	„ „ . .	80	„
30.	„ „	„ 35 000	„	40 000	„ „ . .	88	„
31.	„ „	„ 40 000	„	50 000	„ „ . .	100	„
32.	„ „	„ 50 000	„	60 000	„ „ . .	112	„
33.	„ „	„ 60 000	„	70 000	„ „ . .	124	„
34.	„ „	„ 70 000	„	80 000	„ „ . .	136	„
35.	„ „	„ 80 000	„	90 000	„ „ . .	148	„
36.	„ „	„ 90 000	„	100 000	„ „ . .	160	„

Die ferneren Wertklassen steigen um je 10 000 Goldmark und die Gebühren um je 12 Goldmark.

1 Vgl. die angehängte Tabelle A.

2 Die Tabelle des § 32 GKG. gilt jetzt für alle Geschäfte des Notars mit Ausnahme derjenigen, für die im Texte des Gesetzes besondere Tabellen gegeben sind, wie z. B. in §§ 45 GKG., 14 GO.

3 Beträgt der Wert des Geschäfts Null oder weniger als Null, so kommt die niedrigste Wertstufe zur Anwendung, LG. Oppeln in DNV. 1908, 437, insbesondere bei überschuldetem Nachlasse, KG. 47, 299. Auch wenn mehrere Ausschlagserklärungen nach einem überschuldeten Nachlasse abgegeben werden, ist nur einmal die niedrigste Gebühr zu nehmen, KG. 47, 299; a. M. Bartscher DNV. 1916, 46.

Zweiter Abschnitt.

Gerichtliche Urkunden.

GKG. § 33.

a) Einseitige Erklärungen und Verträge.

Die volle Gebühr wird erhoben für die Beurkundung einseitiger Erklärungen oder einseitiger Verträge, namentlich solcher, durch welche nur von seiten einer Partei Verbindlichkeiten übernommen oder bestehende Rechte anerkannt, abgetreten oder aufgehoben werden, ohne Unterschied, ob die Erklärungen nur von

einzelnen Personen oder von mehreren Personen als Teilnehmern abgegeben werden und ob die der anderen Partei gemachten Zugeständnisse in derselben Verhandlung angenommen sind oder nicht.

1 Einseitige und zweiseitige Verträge § 34 GKG. Nach feststehender Praxis, KG. 36 B 17; NZ. 1908, 10; Mügel A. 4 zu § 35 GKG. alter Fassung; a. M. Bollenbeck NZ. 1907, 130, sind zweiseitige Verträge im Sinne dieses Gesetzes nur solche, in denen ausdrücklich Leistungen beider Teile beurkundet werden. Gleichgültig ist es hierbei, ob es sich um obligatorische oder dingliche Verträge handelt. Zu den Leistungen gehören auch Verzichte. Gleichgültig ist es auch, ob die beurkundete Verpflichtung sich schon aus dem Gesetze ergibt oder nicht, Mügel A. 5 zu § 35 GKG. alter Fassung. Nicht sind dagegen als zweiseitige Verträge anzusehen diejenigen, durch welche schon ohne Beurkundung für beide Teile Verpflichtungen begründet werden. Die Beurkundung dieser Verpflichtungen muß hinzukommen. Selbst Verträge, bei denen durch das Gesetz beiderseitige notarielle oder gerichtliche Beurkundung vorgeschrieben ist, gelten für die Berechnung der Gebühren nur als einseitige Verträge, wenn nicht ausdrücklich Leistungen beider Teile beurkundet werden, soweit nicht das Gesetz ausdrücklich Ausnahmen bestimmt. Solche Ausnahmen sind die Beurkundung von Eheverträgen und jetzt auch von Abtretungen von Geschäftsanteilen einer Gesellschaft mit beschränkter Haftung. Diese Beurkundungen gelten stets als zweiseitige Verträge, § 34 Abs. 2 GKG.

a) Daher gehören zu den zweiseitigen Verträgen im Sinne dieses Gesetzes die Annahme an Kindesstatt, der Erbverzichtvertrag, wenn eine Gegenleistung beurkundet wird, der Vertrag über den Nachlaß eines Dritten, die Abtretung der Rechte aus dem Meistgebot, ZVG. § 81 g, KG. 26 B 25, s. Bollenbeck a. a. O. Ferner sind zweiseitige Verträge die Sicherstellung einer Forderung durch Eigentumsübertragung oder durch Abtretung von Forderungen gegen die Verpflichtung demnächstiger Rückübertragung, KG. 32 B 14, die Vereinbarung zwischen Hypothekengläubiger und Ersteher über Stehenbleiben der Hypothek auch in der Zwangsversteigerung, OLG. 15, 206; KG. 34 B 27. Wird obligatorisches und dingliches Geschäft zusammen beurkundet, so ist hierfür, falls das eine Geschäft oder beide zweiseitige Verträge sind, die doppelte Gebühr nur einmal, falls beide Geschäfte nur einseitige Erklärungen sind, die einfache Gebühr nur einmal zu nehmen, § 38 Abs. 1 GKG., Bleugels in DNV. 1914, 55. Eine Schenkung unter Auflage, die nur von dem Schenkenden beurkundet wird, ohne daß der Beschenkte an der Beurkundung teilnimmt, ist selbstverständlich nur ein einseitiges Geschäft. Wird dagegen die Schenkung unter Auflage von dem Beschenkten angenommen, so liegt ein zweiseitiges Geschäft vor, ebenso Mügel A. 9; a. M. Siméon A. 1 zu § 35 GKG. alter Fassung, der ein einseitiges Geschäft annimmt, und RhNV. in DNV. 1914, 203, der den Vertrag nur soweit als zweiseitig ansehen will, als die Auflage reicht. Bei zweiseitigen Verträgen kann die Verpflichtung der Gegenpartei schon in der Erklärung der sich verpflichtenden Partei enthalten sein. Durch die bloße Annahmeerklärung macht dann der Annehmende diese Erklärung zu der seinigen. Daher ist ein Vergleich stets ein zweiseitiger Vertrag, gleichgültig, wie er gefaßt ist, z. B. das vergleichsweise abgegebene Unterhaltsversprechen des unehelichen Vaters, wenn der Vertreter der Kinder auch bloß die Annahme des Vergleichs erklärt, OLG. 11, 212. Jedenfalls müssen aber beide Teile die Erklärung abgeben. Die bloße Erklärung einer Partei, daß sie mit einer anderen einen Vertrag geschlossen habe, kann niemals ein zweiseitiger Vertrag sein, wenn auch der Inhalt der Erklärung die Verpflichtung beider Teile wiedergibt, KG. in DNV. 1916, 30. — Die scheinbaren Ausnahmen bei der Offerte s. A. 1 zu § 35 GKG. Annahme an Kindesstatt, Gesellschaftsverträge jeder Art, auch die Gründung von Aktiengesellschaften, Kommanditgesellschaften auf Aktien, Gesellschaften m. b. H. und Teilungsverträge sind ebenso wie Kauf-, Tausch-, Pacht-, Werk- und Dienstverträge stets zweiseitige Verträge, Mügel A. 2 zu § 35 GKG. alter Fassung, ebenso die Übertragung zum Eigentum gegen die Verpflichtung demnächstiger Rückübertragung, KG. 32 B 14, sowie der Überlassungsvertrag, auch wenn die übernehmenden Kinder sich zu keiner Gegenleistung verpflichten, KG. v. 12. Juni 1899 — Y 259/99 — bei Schulz A. 3 zu § 35 GKG. alter Fassung, und die Einkindschaftsverträge. Über Ehe- und Erbverträge sowie Abtretungen von Geschäftsanteilen an G. m. b. H. s. §§ 34 Abs. 2 und 44 Abs. 1 GKG. Treffen in einem Geschäfte beide Teile Verfügungen, die in wechselseitiger Beziehung zueinander stehen, so ist die zweifache Gebühr wie bei zweiseitigen Verträgen zu erheben, KB. z. neuen GKG. 22.

b) Einseitige Verträge sind, gleichgültig ob die Annahmeerklärung oder die Übernahme der Kosten durch den neuen Gläubiger, KG. 50, 258, beurkundet wird oder nicht, Kündigungen, Mahnungen, Anzeigen an das Vormundschafts- und Nachlaßgericht, wie z. B. die Ernennung von Testamentsvollstreckern, Quittungen, Einkommennachweis eines Offiziers, KG. 19, 162, Abtretungen von Rechten, jedoch jetzt nicht mehr die Abtretung der Anteile an einer G. m. b. H., dagegen wohl die Abtretung eines Patentes und des Anteils an einer ungeteilten Erbschaft, sobald keine Gegenleistung beurkundet wird, Anweisungen, Bürgschaften, Schenkungen, Schuldverschreibungen, Schuldversprechen, Schuldanerkenntnisse, die Übernahme von Aktien oder der Stammeinlage einer G. m. b. H. in einer besonderen Verhandlung, Verzichtserklärungen, z. B. des Eigentümers auf das Eigentum an seinem Grundstücke, KG. 53, 303. Erbverzichtsverträge sind, wenn, wie die Regel ist, keine Gegenleistung beurkundet wird, A. 2 a, als einseitige Verträge anzusehen. Anmeldungen zum Handelsregister sind nach

§ 33 GKG. zu liquidieren, KG. 29 B 20 und 45, 360, nicht aber solche zum Schiffsregister, KG. 45, 354, für die nach § 37 Nr. 4 GKG. jetzt 5/10 der vollen Gebühr zu liquidieren sind, falls nicht gleichzeitig das zugrunde liegende Rechtsgeschäft beurkundet wird. Einseitige Geschäfte sind ferner Annahme und Ausschlagung von Erbschaften, Errichtung einer Stiftung unter Lebenden, Widerruf einer Schenkung, Mügel A. 2 zu § 34 GKG. alter Fassung. Für alle Anträge auf Eintragungen oder Löschungen in das Grundbuch sind jetzt, falls nicht gleichzeitig das zugrunde liegende Rechtsgeschäft beurkundet wird, gemäß § 37 Nr. 4 GKG. 5/10 der vollen Gebühr zu liquidieren, ebenso für den Antrag des Grundstückseigentümers auf Eintragung einer Höchstbetragshypothek, wenn nicht klipp und klar erhellt, daß das zugrunde liegende Geschäft ausdrücklich mitbeurkundet werden sollte, KG. 43, 327 und NZ. 1913, 172. Das zugrunde liegende Rechtsgeschäft ist beurkundet, wenn entweder das obligatorische Kausalgeschäft oder die abstrakte dingliche Verpflichtung beurkundet ist, KG. 37 B 22; 43, 320. Ausnahmen von den §§ 33, 34 GKG. s. in §§ 37, 41, 42 GKG. Die Abtretung der Rechte aus dem Meistgebot oder aus einem Kaufvertrag ist, auch wenn der Zessionar die Abtretung annimmt und erklärt, daß er auch die Verbindlichkeiten des Abtretenden aus dem Vertrag übernimmt, ein einseitiges Geschäft; ein zweiseitiges Geschäft wird es nur dann, wenn der Zessionar noch besondere Verpflichtungen gegen den Abtretenden übernimmt, KG. v. 16. Juli 1901 — Y 557/01 — und v. 8. Nov. 1897 — Y 537/97 — bei Schulz A. 3 zu § 34 GKG. alter Fassung. Für die Pfandentlassung eines Grundstücksanteils können nur 5/10 gemäß § 37 Nr. 4 GKG. liquidiert werden, s. A. 5 zu § 37 GKG. Für die Zustimmungserklärung des Eigentümers zur Rangänderung s. A. 6 zu § 37 GKG. — Nur wenn eine Gegenleistung für sonst einseitige Verträge im Sinne des § 33 GKG beurkundet wird, sind diese als zweiseitige im Sinne des § 34 GKG. zu behandeln. Für Ergänzungen oder Abänderungen von beurkundeten Erklärungen ist auch, wenn die Erklärung an und für sich unter § 34 GKG. fallen würde, stets nur die einfache Gebühr zu nehmen, s. § 36 GKG. und A. zu diesem.

2 Wertberechnung § 38 GKG.

GKG. § 34.

b) Zweiseitige Verträge.

(1) Das Zweifache der vollen Gebühr wird erhoben für die Beurkundung zweiseitiger Verträge.

(2) Eheverträge und Abtretungen von Geschäftsanteilen einer Gesellschaft mit beschränkter Haftung gelten stets als zweiseitige Verträge.

1 S. A. zu § 33 GKG.

2 §§ 1432 bis 1436 BGB. bestimmen den Begriff der Eheverträge. Über gleichzeitig beurkundete Ehe- und Erbverträge s. § 42 Abs. 3 GKG. Über die Wertberechnung bei Eheverträgen s. § 38 Abs. 6 GKG. Vereinbarungsfreiheit § 26 Nr. 1 GO. Es gehören hierher Eheverträge jeder Art.

3 Daß jetzt auch für Abtretungen von Geschäftsanteilen einer G. m. b. H. stets das Zweifache der vollen Gebühr zu erheben ist, ist eine der wichtigsten Bestimmungen des neuen Gesetzes. Wird bei diesen jedoch nur die Abtretung ohne die Annahmeerklärung beurkundet, so sind gemäß § 35 Abs. 1 GKG. 15 Zehnteile zu liquidieren. Ebenso Beushausen S. 130. Wertberechnung s. 2 zu § 20 GKG.

GKG. § 35.

c) **Vertragsanträge.**

(1) Wird zum Zwecke der Schließung eines zweiseitigen Vertrags zunächst der Antrag beurkundet, so werden hierfür fünfzehn Zehnteile der vollen Gebühr erhoben.

(2) Auf die Beurkundung der Annahme eines Vertragsantrags findet die Vorschrift des § 37 Nr. 1 bei einseitigen und bei zweiseitigen Verträgen Anwendung.

1 § 35 GKG. greift Platz, gleichgültig, ob die Beurkundung gesetzlich vorgeschrieben ist oder nicht. Beim Antrage eines Kaufvertrags bildet den Gegenstand der Beurkundung das Kaufobjekt und, wenn dessen Preis angegeben ist, dieser Preis, OLG. 10, 267; 11, 351; KG. 38 B 16. Ein Antrag liegt dann vor, wenn der Vertrag durch dessen Inhalt soweit fertig ist, daß nur die reine Annahme noch zu erfolgen braucht. Dabei ist es gleichgültig, ob eine eigentliche Offerte oder bloß die Vertragserklärung eines Teiles, z. B. wenn die Beteiligten sich nicht gleichzeitig erklären können, vorliegt. Vgl. noch KG. 22 B 22. Nach OLG. 10, 267 soll ein sogenannter Offertvertrag, in dem nur die Verpflichtung des einen Teils zum Abschluß eines bestimmten Vertrags enthalten ist, unrichtigerweise nicht unter § 35, sondern unter § 33 GKG. fallen. — Dagegen enthält die bloße Erklärung, bereit zu sein, einen Vertrag zu schließen, in welchem Falle also der Vertrag erst abgeschlossen werden soll, z. B. die Einräumung eines Vorkaufsrechts seitens des Vermieters dem Mieter gegenüber, keinen Antrag im Sinne des § 35 GKG., OLG. 11, 351. Für die Beurkundung des Antrags zu einem einseitigen Vertrage kommt die einfache Gebühr zum Ansatze, KB. AG. z. BGB. 106, A. 1 b zu § 33 GKG., für die Beurkundung eines Antrags auf Abtretung eines Geschäftsanteils einer G. m. b. H. jetzt aber die 15-Zehntel-Gebühr, A. 3 zu § 34 GKG.

2 Für die Annahme des Antrags werden stets $^{5}/_{10}$ liquidiert, auch wenn der Notar den Antrag nicht beurkundet hat und gleichgültig, ob der Vertrag ein zweiseitiger oder einseitiger ist. KB. AG. z. BGB. 106.

3 Für den zustande gekommenen Vertrag ist, wenn er ein zweiseitiger ist, dasselbe, wenn er ein einseitiger ist, $^{5}/_{10}$ mehr an Gebühren zu entrichten wie bei gleichzeitiger Beurkundung von Antrag und Annahme.

4 Wird mit der Annahme zugleich eine Abänderung des Vertrags beurkundet, so sind auch, wenn der Antragsteller gleichzeitig der Abänderung zustimmt, in sinngemäßer Anwendung der für das frühere Recht ergangenen Entscheidung des KG. in KG. 37 B 11 für die Annahme $^{5}/_{10}$ der Gebühr des § 32 GKG. gemäß § 37 Nr. 1 GKG. und für die Beurkundung der Abänderung die volle Gebühr des § 32 GKG. gemäß § 36 GKG. zu liquidieren. Ebenso ist für Abänderungen einer Offerte, insbesondere auch für Fristverlängerungen, wenn die Frist zur Annahme noch nicht abgelaufen ist, stets nur die volle Gebühr des § 32 GKG. zu liquidieren, KG. 38 B 15. Für die Wertberechnung s. noch § 38 Abs. 2 GKG. und A. 2 dazu. Ist die Frist aber bereits abgelaufen, so liegt ein ganz neuer Antrag vor, für den gemäß § 35 GKG. zu liquidieren ist, KG. 38 B 15; 45, 352.

GKG. § 36.

d) Ergänzungen und Abänderungen.

Für die Beurkundung von Ergänzungen und Abänderungen einer beurkundeten Erklärung wird die volle Gebühr erhoben. Sie darf jedoch den für die ursprüngliche Beurkundung geltenden Gebührensatz nicht übersteigen.

1 Ob eine Änderung oder eine ganz neue Erklärung vorliegt, kann in der Praxis oft zweifelhaft sein. Keine Änderung, sondern ein neues Geschäft liegt jedenfalls vor, wenn der frühere Vertrag aufgehoben und an seine Stelle ein neuer gesetzt wird, § 37 Nr. 3 GKG. Bei § 36 GKG. muß es sich um Ergänzungen und Abänderungen handeln, die für sich kein besonderes Geschäft bilden, KG. 45, 353. Entscheidend ist ferner, ob die neue Erklärung das frühere Geschäft in einem derartigen Umfange abändert, daß ein ganz neues wirtschaftlich selbständiges Geschäft entsteht, oder ob nur mehr oder weniger nebensächliche Erklärungen abgegeben werden, die das Wesen des ursprünglichen Geschäfts als solches bestehen lassen, Begr. zum § 37 GKG. alter Fassung, KG. 20 B 7. Für eine solche Abänderung und Ergänzung einer beurkundeten Erklärung, gleichgültig, ob diese von den ursprünglich Beteiligten oder von deren Nachfolgern, gleichgültig, ob sie vor derselben Urkundsperson oder einer anderen erfolgt, ist jetzt die

volle, d. h. nur die einfache Gebühr des § 32 GKG. zu erheben, und zwar ohne Unterschied, ob das Geschäft als einseitiges oder zweiseitiges anzusehen ist, Begr. z. GKG. von 1910 S. 26. Ist für die ursprüngliche Beurkundung eine geringere Gebühr zu erheben, z. B. nach § 37 GKG., so ist auch für die Beurkundung von Ergänzungen und Abänderungen nur diese geringere Gebühr zu liquidieren, KG. 52, 347. Anders im Falle der A. 4 zu § 35 GKG. Keine Abänderung, sondern die Beurkundung einer neuen Erklärung liegt vor, wenn in eine bestehende Hypothek ein neuer Schuldner eintritt — Wert der Betrag des Hypothekenkapitals —, FrNB. in DNB. 1914, 286. Eine Abänderung kann auch nicht vorliegen, wenn das alte Geschäft bereits vollständig erledigt ist, z. B. bei einer Offerte die Frist bereits abgelaufen ist. (Ist die Frist noch nicht abgelaufen, so kommt § 36 GKG. zur Anwendung, KG. 38 B 15; 45, 353; A. 4 zu § 35 GKG.). Ferner bei der Verlängerung eines Miets- oder Pachtvertrags, wenn der frühere Vertrag bereits abgelaufen ist. Die Erneuerung einer Offerte an einen Dritten, dem das Recht aus der Offerte abgetreten ist, ist stets eine neue Offerte, sobald dem Zedenten nicht das Recht der Abtretung eingeräumt war. Die abzuändernde Erklärung kann in einer öffentlichen, einer bloß öffentlich beglaubigten, a. M. Bartscher A. 2 zu § 37 GKG. alter Fassung, oder einer privatschriftlichen Urkunde, a. M. Mügel A. 3 zu § 37 GKG. alter Fassung, enthalten sein. Denn alles dies sind beurkundete Erklärungen. Abänderungen bloß mündlicher Erklärungen sind stets neue Erklärungen im Sinne des GKG.

Zu den Abänderungen im Sinne des § 36 GKG. gehören stets die Änderungen der Kündigungs- und Zahlungsbedingungen eines bestehenden Vertrags, die Herab- oder Heraufsetzung der Zinsen, die Umwandlung von Hypotheken in Grundschulden und umgekehrt, von Buchhypotheken in Briefhypotheken und umgekehrt, die Umwandlung einer Sicherungshypothek in eine Darlehnshypothek, die Unterwerfung unter die Zwangsvollstreckung, Begr. z. GKG. von 1910 S. 26, KB. dazu 22, KG. 32 B 11 und in NZ. 06, 280 — Wertberechnung KG. 41, 285 —, die Ersetzung einer gesicherten Forderung durch eine andere, die Herabsetzung des Kaufpreises, BürBl. 15, 197, das nach Abschluß des Kaufvertrags abgegebene Anerkenntnis, daß Käufer noch einen Teil des Kaufpreises schuldet und hierfür Hypothek bestellt, OLG. 9, 209. Auch die Schuldübernahme in jeder Form gehört hierher, a. M. FrNB. in DNB. 1914, 286. Ferner gehören zu diesen Abänderungen auch die Berichtigung von offenbaren Unrichtigkeiten, wie Schreibfehlern und Namensverwechselungen sowie ähnlichen Irrtümern, KB. z. GKG. von 1910 S. 22, Mügel A. 5 zu § 37 GKG. alter Fassung. Der Wert ist bei diesen letzteren gemäß § 22 GKG. anzunehmen.

2 Für die Wertberechnung s. noch § 38 Abs. 2 GKG. und A. 2 dazu.

3 Eine Ausnahme von der in Satz 1 des § 36 GKG. gegebenen Regel ist jetzt in Satz 2 gemacht. Kommt für die abgeänderte oder ergänzte Erklärung ein geringerer Gebührensatz als der volle Gebührensatz des § 32 GKG. in Ansatz, so darf auch für die Abänderung keine höhere Gebühr in Ansatz gebracht werden. Diese Vorschrift enthält einen allgemeinen Grundsatz. Die ursprüngliche Gebühr soll für alle Wandlungen einer Beurkundung maßgebend sein. — Die Bestimmung bezieht sich ihrem Wortlaute nach auf die Gebühren der §§ 35 Abs. 2, 37 GKG. Sie wird aber, da sie einen allgemeinen Grundsatz enthält, auch auf die §§ 42, 44, 45, 48, 49, 50 GKG., §§ 7, 8, 10, 12, 16, 17, 19 GO. anzuwenden sein.

GKG. § 37.

Geringere Gebühren als die volle Gebühr.

Fünf Zehnteile der vollen Gebühr werden erhoben:

1. für jede besondere Urkunde, in welcher die Zustimmung einzelner Teilnehmer zu einer bereits beurkundeten Erklärung beurkundet wird, ohne Unterschied, ob die letztere von derselben Behörde beurkundet ist oder nicht;
2. für die Beurkundung von Vollmachten und des Widerrufs von Vollmachten;
3. für die Beurkundung der Wiederaufhebung eines noch von keiner Seite erfüllten Vertrags;
4. für die Beurkundung von Anträgen auf Eintragungen oder Löschungen im Grundbuch oder im Schiffsregister sowie von Eintragungs- oder Löschungsbewilligungen oder Zustimmungen nach § 27 der Grundbuchordnung oder nach § 105 des Gesetzes über die Angelegenheiten der freiwilligen Gerichtsbarkeit, sofern nicht gleichzeitig das zugrunde liegende Rechtsgeschäft beurkundet wird;
5. für die Beurkundung einer Auflassung, sofern nicht gleichzeitig das zugrunde liegende Rechtsgeschäft beurkundet wird.

Hinzu kommt Art. V des Gesetzes, betr. Abänderung des Preußischen Gerichtskostengesetzes vom 25. Juli 1910, vom 28. Oktober 1922 (GS. 335).

Für das Gebiet des ehemaligen rheinischen Rechts tritt an die Stelle der Vorschrift im § 38 Ziffer 5 folgende Bestimmung:

„Für die Beurkundung einer Auflassung wird das Zweifache der vollen Gebühr erhoben, wenn nicht gleichzeitig das zugrunde liegende Rechtsgeschäft beurkundet wird. Ist das Rechtsgeschäft bereits früher beurkundet worden, so ermäßigt sich die Gebühr für die Beurkundung der Auflassung auf fünf Zehnteile der vollen Gebühr."

1 Es kommen in allen drei Fällen nur fünf Zehnteile der einfachen Gebühr zur Hebung, gleichgültig, ob es sich um einseitige oder zweiseitige Geschäfte handelt. Kommt für die ursprüngliche Erklärung ein geringerer Satz zur Anwendung, so kann auch für die Zustimmungserklärung nur der geringere Satz in Rechnung gestellt werden, s. A. 3 zu § 36 GKG.

2 Im Falle Nr. 1 braucht meiner Meinung die bereits beurkundete Erklärung nicht in einer öffentlichen Urkunde enthalten sein. Es genügt, wie bei § 36 GKG., eine öffentlich beglaubigte oder eine Privaturkunde. Der Satz „ohne Unterschied usw." enthält nur ein Beispiel, ebenso Schulz A. 4, a. M. Mügel A. 3 zu § 38 GKG. alter Fassung und Beushausen S. 137. Teilnehmer fasse ich hier im weitesten Sinne. Im Interesse der Einfachheit können keine Unterschiede zugelassen werden. Also auch bloße Zustimmungen Dritter, wie diejenige des Eigentümers zur Rangordnung der Hypotheken, der Nacherben zu Erklärungen der Erben, des Gläubigers zur Schuldübernahme, gehören hierher, ebenso Schulz A. 2, a. M. Mügel A. 1 zu § 38 GKG. alter Fassung. Wertberechnung s. § 38 Abs. 3 GKG. Gemäß § 35 Abs. 2 GKG. findet die Bestimmung des § 37 Abs. 1 GKG. auf die Annahme von Anträgen Anwendung.

3 Über Vollmachten s. §§ 167, 172 BGB. — Wertberechnung § 38 Abs. 4 GKG. Der höchste Wert ist jetzt 200000 Goldmark. Vollmachten zur Auflassung nehmen keine Ausnahmestellung mehr ein, ihre Beurkundung kostet jetzt $^5/_{10}$ der Gebühren. Bei gleichzeitiger Beurkundung der Vollmacht zur Auflassung mit dem Kaufvertrag ist für die Beurkundung der Vollmacht nichts zu berechnen, da beide Erklärungen denselben Gegenstand haben, § 39 GKG., KG. 25 B 11. Ebenso wenn die Vollmacht zusammen mit einem Vertragsantrag beurkundet wird; a. M. jedoch KG. vom 21. Mai 1909 — I a X 418/09 — bei Siméon A. 4 zu § 39 GKG. alter Fassung, und für beide Fälle Skopnik in JW. 1909, 88. Wird in der Vollmacht das zugrunde liegende obligatorische Geschäft nur geschichtlich oder erklärend erwähnt, so ist dies ohne Einfluß auf das Geschäft. Anders wenn das ganze obligatorische, der Vollmacht zugrunde liegende Geschäft ausdrücklich beurkundet wird, z. B. bei Vollmachten, die Kaufverträge ersetzen sollen. Für solche Vollmachten kommen die §§ 33, 39 Abs. 1 und 3 GKG. zur Anwendung, KG. in DNB. 1913, 519. Der Widerruf von Vollmachten ist jetzt, der früheren Praxis, KG. 52, 255, folgend, der Erteilung von Vollmachten gleichgestellt. Wertberechnung der Vollmachten s. A. 2 zu § 22 GKG und § 38 GKG.

4 Auch nur teilweise Erfüllung des Vertrags von einer Seite schließt die Anwendung des § 37 GKG. aus. Es kommen dann die §§ 33, 34 GKG.

zur Anwendung, KG. 18, 172. Auch für die Beurkundung der Wiederaufhebung zweiseitiger Verträge wird nur die 5-Zehntel-Gebühr genommen. Es muß sich um eine reine Wiederaufhebung handeln; für eine Wiederaufhebung gegen Entschädigung, z. B. Reugeld, oder unter besonderen Bedingungen wird gemäß §§ 33, 34 GKG. liquidiert.

5 Es fallen unter Nr. 4 nur die formalen Anträge und Bewilligungen für das Grundbuch und Schiffsregister; auch die Rücknahme eines noch nicht erledigten Antrags fällt hierunter. Wird mit diesen Anträgen zugleich das materielle Rechtsgeschäft beurkundet, so kommen die §§ 33 bis 36 GKG. zur Anwendung. Unter dem zugrunde liegenden Rechtsgeschäft wird sowohl das obligatorische Kausalgeschäft wie auch die abstrakte dingliche Erklärung verstanden, KG. 37 B 22; 43, 329; 53, 295. Bloß erklärende, erzählende und motivierende Bemerkungen sind kostenrechtlich bedeutungslos, KG. 38 B 21; 43, 330. Es fallen unter Nr. 4 nicht nur die Anträge auf Eintragungen und Löschungen in Schiffspfandsachen, sondern alle Anträge, die für das Schiffsregister vorgesehen sind, insbesondere auch alle Anmeldungen zum Schiffsregister, KG. 45, 354, Brathuhn A. 1, Mügel A. 5 zu § 39 GKG. alter Fassung. Die Angabe der tatsächlichen Verhältnisse beim Übergang des Eigentums am Schiffe, die Glaubhaftmachung sind keine rechtsbegründenden Erklärungen, sie dienen nur zur Erläuterung und Begründung der Anmeldung, KG. 45, 356. Für Zessionen kommt Nr. 4 nur zur Anwendung, wenn nur die Eintragung der Abtretung in das Grundbuch beantragt wird und die Abtretung höchstens historisch erzählend e r w ä h n t wird, sonst ist nach § 33 GKG. zu liquidieren, Bleugels in DNB. 1914, 55; abwegig dagegen Stäcker in DNB. 1913, 704. Nur Anträge auf E i n t r a g u n g e n und L ö s c h u n g e n in das Grundbuch sowie Eintragungs- und Löschungsbewilligungen, nicht andere Anträge oder gar andere Erklärungen, fallen unter Nr. 4, Mügel A. 4 zu § 39 GKG. alter Fassung. Für den Antrag des Eigentümers auf Eintragung einer Eigentümerhypothek oder Eigentümergrundschuld sind regelmäßig $^{5}/_{10}$ zu liquidieren, wenn nicht die Urkunde selbst die Beurkundung des obligatorischen oder dinglichen Rechtsgeschäfts enthält, KG. 53, 295. Die Entsch. KG. 31 B 12 und OLG. 17, 253 sollen jetzt bloße Ausnahmen betreffen. Für den Antrag auf Eintragung einer Höchstbetragshypothek ist ebenso regelmäßig gemäß § 37 Nr. 4 GKG. zu liquidieren, wenn nicht klipp und klar erhellt, daß das zugrunde liegende Geschäft ausdrücklich mitbeurkundet werden sollte, KG. 43, 328 und NZ. 1913, 172; A. 1 b zu § 33 GKG. Die Beurkundung der Erklärung des Hypothekengläubigers, daß er ein Trennstück aus der Mithaft entlasse und dessen kostenfreie Abschreibung beantrage, fällt dagegen stets unter § 37 Nr. 4 GKG., KG. 37 B 21; 38 B 20; 43, 330; DNB. 1912, 356; NZ. 1913, 175. Für die mit der materiellen Erklärung mitbeurkundeten Anträge und Bewilligungen

ist, sobald nach den §§ 33 bis 36 GKG. zu liquidieren ist, nichts zu erheben, KG. 42, 299, § 41 Abs. 1 GKG. Löschungsfähige Quittung und gleichzeitige Löschungsbewilligung Gebühr des § 33 GKG. — bloße Löschungsbewilligung Gebühr gemäß § 37 Nr. 4 GKG. — Abtretung und gleichzeitige Eintragungsbewilligung der Abtretung § 33 GKG. — bloße Eintragungsbewilligung § 37 Nr. 4 GKG. — Antrag auf Eintragung des Erben als Eigentümer, des Ehemanns bei der Gütergemeinschaft als Miteigentümer § 37 Nr. 4 GKG. Für Löschungsbewilligung des Gläubigers und Löschungsantrag des Schuldners ist gemäß § 39 Abs. 1 GKG nach § 37 Nr. 4 GKG. gleichfalls nur einmal zu liquidieren, KG. 28 B 3.

6 Unter § 27 GBO. fällt nicht die im § 880 BGB. vorgesehene Zustimmung des Grundstückseigentümers zu einer Rangänderung. Für diese ist gemäß § 33 GKG. zu liquidieren, KG. v. 8. Nov. 1912 — 1 a X 1064/12 — in RJ. 1913, 175, falls noch keine weitere Erklärung beurkundet ist. Ist eine solche aber bereits beurkundet, so sind gemäß § 37 Nr. 4 GKG. nur 5/10 der vollen Gebühr zu berechnen. Auch wenn nicht die Zustimmung, sondern nur die Bewilligung der Eintragung der Rangordnung beurkundet wird, sind jetzt 5/10 zu liquidieren.

7 Der § 37 GKG. findet auch Anwendung, wenn es sich um bloße Entwürfe oder Entwürfe mit nachfolgender Beglaubigung handelt. Auf bloße Beglaubigungen findet dagegen § 41 GKG. Anwendung.

8 Wird die Auflassung allein beurkundet, 5/10, gleichgültig, ob vorher das Rechtsgeschäft beurkundet ist oder nicht. Werden Rechtsgeschäft und Auflassung gleichzeitig beurkundet, 20/10, da derselbe Gegenstand vorliegt, § 39 Abs. 1 GKG. Wird mit der Auflassung nur gleichzeitig die Annahme des Rechtsgeschäfts erklärt, so können nur einmal 5/10 zur Hebung kommen, da derselbe Gegenstand vorliegt, ebenso aus anderen Gründen, KG. 53, 298.

Der rheinische Notar erhält dagegen 20/10, sowohl wenn das Rechtsgeschäft gleichzeitig, als wenn es nicht gleichzeitig beurkundet wird, ausnahmsweise 5/10, wenn das Rechtsgeschäft bereits früher beurkundet worden ist.

In allen Fällen ist es gleichgültig, ob das Rechtsgeschäft früher von demselben Notar oder von einem anderen oder vom Gericht beurkundet worden ist.

GKG. § 38.

Wertannahme.

(1) Bei der Berechnung der Gebühren ist der Wert des Rechtsverhältnisses maßgebend, dessen Begründung, Übertragung, Feststellung oder Aufhebung den Gegenstand des Rechtsgeschäfts bildet. Bei Verträgen, welche den Austausch von Leistungen zum Gegenstande haben, kommt nur der Wert der Leistungen des einen Teiles

und, wenn der Wert der beiderseitigen Leistungen ein verschiedener ist, der höhere in Betracht.

(2) Handelt es sich um Änderungen eines Rechtsverhältnisses, so ist die Bestimmung des § 22 mit der Einschränkung anwendbar, daß der Wert des von der Änderung betroffenen Rechtsverhältnisses nicht überschritten werden darf. Hat die Änderung einen bestimmten Geldwert, so ist dieser maßgebend.

(3) Bei zustimmenden Erklärungen einzelner Teilnehmer (§ 37 Nr. 1) kommt nur der Anteil derselben in Betracht.

(4) Der Wert einer Generalvollmacht ist unter entsprechender Anwendung des § 22 mit der Maßgabe zu bestimmen, daß der Höchstwert 200 000 Goldmark nicht übersteigen darf. Bei Vollmachten zum Abschluß eines bestimmten Rechtsgeschäfts ist der für dieses maßgebende Wert in Ansatz zu bringen, jedoch ist der Wert höchstens auf 200 000 Goldmark anzunehmen und bei der von einem Teilnehmer ausgestellten Vollmacht nur dessen Anteil maßgebend.

(5) Auf Anmeldungen zum Handelsregister oder zu ähnlichen Registern findet, sofern ein bestimmter Geldwert nicht erhellt, die Vorschrift des § 22 entsprechende Anwendung. Der höchste der Gebührenberechnung zugrunde zu legende Wert ist 200 000 Goldmark, gleichviel, ob ein bestimmter Geldwert erhellt oder nicht.

(6) Der Wert eines Ehevertrags bemißt sich nach dem Werte des gegenwärtigen Vermögens der Ehegatten unter Abzug der Schulden. Betrifft der Ehevertrag nur bestimmte Gegenstände, so ist deren Wert maßgebend.

1 Nach seinem klaren Wortlaute kommt der § 38 GKG. nur für die Beurkundung von Rechtsgeschäften zur Anwendung. Laut ausdrücklicher Bezugnahme kommt er aber auch für Beglaubigungen, § 41 GKG., zur Anwendung. Für die Beurkundung von Tatsachen, § 47 GKG., entscheidet lediglich § 2 GO. Der Abs. 1 des § 38 GKG. bildet eine Ausnahme von den vorhergehenden Bestimmungen des Gesetzes, §§ 18 bis 20 GKG. Seine Fassung ist nicht glücklich und schwer verständlich. Durch die Praxis ist sein Inhalt aber dahin festgestellt: Die Beurkundung eines Rechtsgeschäfts im Sinne des § 38 Abs. 1 GKG. ist die Beurkundung der Begründung, Übertragung, Feststellung oder Aufhebung eines Rechtsverhältnisses durch Rechtsgeschäft. Auch hierbei ist das Interesse der Beteiligten an der Vornahme des Geschäfts niemals maßgebend, KG. 17, 132; 19, 159; A. 1 zu § 18 GKG. Bei einseitigen Rechtsgeschäften entscheidet der Wert der Leistung des Erklärenden;

unter Verträgen, die den Austausch von Leistungen zum Gegenstande haben, werden alle zweiseitigen Verträge verstanden. Hier entscheidet nur der Wert der Leistung des einen Teiles oder, wenn diese Leistungen einen verschiedenen Wert haben, der höhere Wert. Durchgreifende Ausnahmen von dieser Regel enthält § 20 GKG., insbesondere für alle Verträge, bei denen die Leistung des einen Teiles in einer Zahlung besteht, also für alle Kaufverträge und ähnliche Verträge, A. 2 zu § 20 GKG. Der typische Fall des § 38 Abs. 1 Satz 2 GKG. ist der Tauschvertrag. Über Verträge, bei denen es sich um Vereinigung zu einer Leistung handelt, also Gesellschaftsverträge und Auseinandersetzungen, sagt das Gesetz direkt gar nichts. Unter Zuhilfenahme von § 18 Abs. 1 Satz 1 GKG. wird der Wert der sämtlichen Leistungen sämtlicher Gesellschafter zusammen ohne Abzug der Schulden als Wert angenommen, so KG. 7, 182 für Auseinandersetzungsverträge. Bei Gesellschaftsverträgen, die die Gründung einer Aktiengesellschaft, einer Kommanditgesellschaft auf Aktien, einer Gesellschaft m. b. H. betreffen, kommt nach KG. 52, 249 nicht nur das Gesellschaftskapital in Betracht. Bei sonstigen Leistungen der Gesellschafter, seien sie persönlich, z. B. Dienstverpflichtungen, oder vermögensrechtlich, z. B. Lieferungspflichten von Zuckerrüben, ist zu prüfen, ob die Beteiligten sie gleichfalls als Haupt- oder bloß als Nebenleistungen angesehen haben. Sind sie gleichfalls als Hauptleistungen anzusehen, so ist ihr Wert festzustellen und dem Werte des Gesellschafts- resp. Stammkapitals hinzuzurechnen, A. 4 zu § 19 GKG. Bei Gesellschaftsverträgen behufs Errichtung einer offenen Handelsgesellschaft wird es trotz KG. in Zeitschrift für deutsche Justizsekretäre, 12. Beilage für Preußen, 25, jetzt ebenso gehalten werden müssen. Bei Gesellschaftsverträgen behufs Begründung einer stillen Gesellschaft entscheidet nur der Wert der Einlageverpflichtung des stillen Gesellschafters, KG. 37 B 11; erfolgt die Gründung einer stillen Gesellschaft zusammen mit der Gründung einer offenen Handelsgesellschaft oder einer Kommanditgesellschaft, so sind selbstverständlich die Werte für beide Gesellschaftsgründungen zusammenzurechnen. Die Festsetzung des Etats für ein Verwaltungsjahr in der Generalversammlung einer Vereinigung, § 46 GKG., ist Neubegründung eines Rechtsverhältnisses im Werte der Etatssumme, KG. 17, 215; KG. i. d. Bl. f. R. 1897 S 56, 57.

Im einzelnen ist folgendes zu bemerken: Kaufvertrag A. 2 zu § 20 GKG., Mietsvertrag A. 7 zu § 20 GKG., Leihvertrag A. 2 zu § 20 GKG., Bürgschaft A. 4 zu § 20 GKG., Schenkungen A. 2 zu § 20 GKG., Dienstvertrag und Werkvertrag A. 2, 6 u. 7 zu § 20 GKG., Leibrente A. 6 zu § 20 GKG. Bei Versicherungsverträgen entscheidet meiner Meinung nach immer der Wert, den der Versicherer im Falle des Eintritts seiner Zahlungspflicht zu zahlen hat, a. M. Mügel A. 3 zu § 40 GKG. alter Fassung. Für das Einverständnis des Hypothekengläubigers zur Auflösung der Feuerversicherung für ein Grundstück soll der Wert der Hypothek und, wenn die Versicherungssumme niedriger ist, diese entscheiden, KG. 39 B 27. Bei Vergleichen ist der Wert der im Vergleiche übernommenen größeren Leistung maßgebend, der Verzicht bleibt außer Betracht, Mügel A. 4, Bartscher A. 2 zu § 40 GKG. alter Fassung, KG. 27 B 11. Bei Auslobungen entscheidet die Leistung, welche durch die Auslobung versprochen wird, bei Mäklerverträgen der Mäklerlohn, bei der Wette der Wettbetrag. Bei einem Fusionsvertrage zweier Aktiengesellschaften, bei denen gemäß §§ 305, 306 HGB. das gesamte Vermögen der einen Gesellschaft als Ganzes gegen Gewährung von Aktien der übernehmenden Gesellschaft auf diese übergeht, entscheidet nach KG. in NZ. 1911, 278 der Wert des Bezugsrechts auf die neuen Aktien am Tage des Fusionsvertrags, wenn dieser höher ist als der Wert des Vermögens der aufgelösten Aktiengesellschaft, sonst der Wert dieses Vermögens. Nach den Beschlüssen des RhNV. in NZ. 1911, 58 ff. soll der Wert des Vermögens der aufgelösten Gesellschaft ohne Abzug von deren Schulden entscheiden. Mir scheint die Ansicht des KG. die richtige zu sein.

2 Für die in Abs. 2 behandelten Änderungen kommt, falls es sich um Abänderungen einer beurkundeten Erklärung handelt, die einfache Gebühr des § 33 GKG. in Betracht. Handelt es sich um Abänderungen einer mündlichen Erklärung, so ist, wenn die Abänderung ein zweiseitiges Geschäft ist, die zweifache Gebühr des § 34 daselbst zu erheben, A. 1 zu § 36 GKG. Stets ist der Wert der Änderung maßgebend, jedoch darf der Wert des Rechtsverhältnisses selbst nicht überschritten werden, KG. 32 B 11, ebensowenig wie der für dieses geltende Gebührensatz, § 36 Satz 2 GKG. Keine Änderung liegt vor, wenn das frühere Geschäft bereits erloschen ist, z. B. durch Aufhebung, Zeitablauf oder Erfüllung, KG. 45, 353.
Jede Änderung hat den Wert, den sie haben würde, wenn ihr Gegenstand den eines besonderen Rechtsverhältnisses bildete, KG. 31 B 8. Grundsätzlich sind jetzt derartige Änderungen als unschätzbar gemäß § 22 GKG. zu bewerten. Nur wenn die Änderung klar einen bestimmten Geldwert hat, soll dieser ausnahmsweise maßgebend sein. Nach § 22 GKG. sind daher zu bewerten: die Änderung der Kündigungs- und Zahlungsbedingungen einer Hypothek, KG. 34 B 20, die Umwandlung einer Buchhypothek in eine Briefhypothek oder umgekehrt, einer Hypothek in eine Grundschuld oder umgekehrt, die Unterwerfung des Schuldners unter die Zwangsvollstreckung bei einer bereits eingetragenen Hypothek, KG. 41, 285, die Änderung des Zinsfußes einer Schuld, insbesondere einer Hypothek oder Grundschuld, wenn die Zeit nicht feststeht, für die die Änderung erfolgt. S. auch weiter unten. Unschätzbar sind die Erklärungen behufs Zuschreibung eines Grundstücks zu einem anderen oder die Abschreibung eines solchen von einem anderen, KG. 38 B 20, der Eintritt eines neuen Gläubigers in ein altes Schuldverhältnis, a. M. FrNV. in DNV. 1914, 286, die Be-

richtigung von Schreib- und Rechenfehlern oder ähnlichen Unrichtigkeiten, die Abrede, die Hypothek zu amortisieren, und die Einräumung des Vorranges für die Restforderung des Gläubigers vor dem getilgten Teile, Schulz A. 4 zu § 38 GKG. Der Wert einer Änderung des Inhalts einer noch nicht abgelaufenen Offerte, z. B. die Verlängerung der Annahmefrist, ist gleichfalls gemäß § 22 GKG. anzunehmen, wenn nicht ein bestimmtes Entgelt versprochen ist. Im letzteren Falle ist der Betrag des Entgeltes maßgebend, KG. 38 B 15; RhNB. in DNB. 1914, 203; A. 4 zu § 35 GKG. Die Gebühr ist hierfür gemäß § 36 GKG. stets nur die einfache Gebühr des § 33 GKG. Der Wert ist 3000 Goldmark, ausnahmsweise höher oder niedriger, jedoch nicht unter 200 Goldmark und nicht über 100 000 Goldmark, § 22 GKG. Eine mechanische Berechnung des Wertes nach Prozenten des Kapitals will das Gesetz ausdrücklich nicht, KG. 41 B 280 und Landgericht Köln in NZ. 1913, 184; Mügel A. 7 Abs. 1 zu § 40 GKG. alter Fassung. Die vom RhNB. in DNB. 1914, 203 und vom FrNB. in DNB. 1914, 286 beschlossene allgemeine Annahme eines Wertes in bestimmten Prozenten, z. B. von 20 % des Rechtsverhältnisses selbst, kann daher nicht für zulässig angesehen werden.

Ein bestimmter Geldwert ist jetzt nur maßgebend, wenn dieser sich ohne weiteres ergibt, nicht etwa erst durch künstliche Berechnungen gefunden werden muß. Die Tendenz des Gesetzes (Begr. zu § 37 des Entwurfs von 1910) geht dahin, künstliche Berechnungen zu vermeiden. An deren Stelle soll eine einfache Schätzung des Wertes eingeführt werden. Deshalb rechne ich Änderungen des Zinsfußes in dem Falle, daß die Zeit, für die die Veränderung erfolgt, nicht feststeht, nicht zu denjenigen, die einen bestimmten Wert haben, wohl aber, wenn die Zeit feststeht. Dann erfolgt die Berechnung gemäß § 20 Nr. 5 GKG. Der RhNB. will, meiner Meinung nach nicht zu Recht, auch bei einer kündbaren Schuld ohne bestimmte Zeitdauer den 12½ fachen Betrag des Zinsunterschiedes als maßgebend ansehen, RhNB. in DNB. 1914, 203. Ein bestimmter Wert ergibt sich, wenn für die Änderung eine Gegenleistung in Geld gewährt wird, in der Höhe dieser Summe. Auch wenn eine Schuld ermäßigt wird, hat die Ermäßigung einen bestimmten Geldwert. Ein bestimmter Geldwert ist vorhanden, wenn nachträglich eine Vertragsstrafe vereinbart oder erlassen wird, Mügel A. 7 zu § 40 GKG. alter Fassung.

3 Die Zusammenrechnung gemäß § 39 GKG. findet unter Nichtanwendung des § 22 Abs. 3 GKG. auch statt, wenn Änderungen, die einen bestimmten Geldwert haben, mit solchen, die keinen haben, zusammentreffen, z. B. Zinserhöhung für eine bestimmte Zeit, Unterwerfung unter die Zwangsvollstreckung und Vereinbarung anderer Zahlungs- und Kündigungsbedingungen, KG. 19, 157. Dagegen ist für sämtliche Abänderungen ohne bestimmten Geldwert der Wert gemäß § 22 Abs. 1

GKG. nur einmal einheitlich festzusetzen, also regelmäßig auf 3000 Goldmark, a. M. Mügel A. 9 zu § 40 GKG. alter Fassung.

4 Bei Abs. 3 entscheidet, wenn es sich um Sachen oder Rechte handelt, die nach Bruchteilen teilbar sind, für die zustimmende Erklärung von Teilberechtigten der Wert ihres Bruchteils. Bei Sachen und Rechten, die zu einer Gemeinschaft zur gesamten Hand gehören, kommt nach der letzten, richtigen Rechtsprechung des KG. ebenfalls nur der Anteil des Teilnehmers in Betracht. Der Gesamthandanteil ist aber hier nicht schlechthin einem Bruchanteil gleichzusetzen, vielmehr ist der Gesamtanteil nach § 22 Abs. 2 GKG. zu schätzen und mangels anderweitiger Unterlagen dem Betrage gleichzusetzen, den der Anteilsberechtigte bei der Auseinandersetzung erhalten wird. Ebenso ist bei Verfügungen eines Teilnehmers über einzelne zu einer Gesamthandgemeinschaft gehörige Gegenstände zu verfahren. Solche Gesamthandgemeinschaften sind z. B. offene Handelsgesellschaften und ungeteilte Erbschaften. Die Genehmigungen dritter Personen, z. B. von Eheleuten, Eltern, Vormündern und Pflegern, zu Erklärungen von Teilnehmern haben denselben Wert wie diese Erklärungen selbst, RG. 90, 235; 94, 243; KG. 53, 291; KG. in JMBl. 1922, 153, in JW 1923, 306; a. M. Ostermeyer A. daselbst. — Diese Regel kann aber meiner Meinung nach nicht auf die Zustimmung einzelner von mehreren Pflegern, Vormündern, Testamentsvollstreckern, Bevollmächtigten zu Erklärungen der übrigen gelten, falls solche Erklärungen nur von allen abgegeben werden können, KG. 37 B 14, vgl. jedoch auch OLG. 17, 260; denn hier ist irgendein Anteil nicht erkennbar. Dasselbe muß auch bei Vertretern juristischer Personen, z. B. von Aktiengesellschaften und Gesellschaften m. b. H., und deren Erklärungen zum Handelsregister gelten, ebenso für Aufsichtsratsmitglieder solcher Personen, so auch bisher KG. 28 B 69. Bei Erklärungen und Anmeldungen eines von mehreren Gesellschaftern einer offenen Handelsgesellschaft muß jetzt aber der Wert ihres Anteils an der offenen Handelsgesellschaft gemäß der für Gesamthandgemeinschaften oben gegebenen Regel geschätzt werden.

5 Bevollmächtigt daher ein Mittestamentsvollstrecker den anderen, für ihn über bestimmte Nachlaßgegenstände mitzuverfügen, so soll die Gebühr für die Vollmacht von einem dem vollen Werte der Nachlaßgegenstände entsprechenden Betrage zu berechnen sein, KG. 37 B 14. Dieser Grundsatz müßte auch auf die Substitution der Vollmacht seitens eines Mitbevollmächtigten auf den anderen gelten. Höchstwert sowohl bei einer Generalvollmacht wie bei einer Spezialvollmacht ist jetzt 200 000 Goldmark. Im übrigen ist bei Generalvollmachten auf alle Fälle der Wert gemäß § 22 GKG. anzunehmen, bei Spezialvollmachten entscheidet der Wert des Rechtsgeschäfts, z. B. des Kaufvertrags, der Anmeldungen usw., zu deren Vollzug sie ermächtigen; jedoch darf auch hier die Wertgrenze von

200 000 Goldmark nicht überschritten werden, so daß die höchste Gebühr 140 Goldmark beträgt. Auch der Wert der von einem Teilnehmer ausgestellten Vollmacht kann meiner Meinung bis zu 200 000 Goldmark steigen. Bei Berechnung des Wertes einer allgemeinen Vollmacht, Erbschafts- oder Generalvollmacht sind nach Beushausen S. 150 die Schulden nicht abzuziehen. Der Wert einer Vollmacht zum Bieten im Zwangsversteigerungsverfahren ist der gemeine Wert des Grundstücks, höchstens jedoch 200 000 Goldmark, KG. 22 B 40.

Diese Vorschrift und diese Regeln finden auch auf den Widerruf der Vollmacht Anwendung.

Beziehen sich mehrere in einer Urkunde erteilte Vollmachten oder deren Widerruf auf denselben Gegenstand, so kommt der Wert nur einmal zum Ansatze, KG. 52, 254.

6 Der Abs. 5 findet auch bei Zeichnungen von Firmen oder Unterschriften Anwendung, Mügel A. 15 zu § 40 GKG. alter Fassung. Erfolgt die Anmeldung zum Firmenregister und die Firmen- oder Namenszeichnung wie gewöhnlich in einer Urkunde, so ist nach der herrschenden Praxis für jede dieser Beurkundungen der Wert besonders zu berechnen. Sodann sind die gefundenen Werte gemäß § 39 GKG. zusammenzurechnen; nach dem so gefundenen Werte ist zu liquidieren, KG. 37 B 16; a. M. mit Recht Mügel A. 15, Brathuhn A. 5 c zu § 40 GKG. alter Fassung, Beushausen S. 152, die nur eine einmalige Wertannahme für zulässig erklären, A. 2 zu § 19 GKG.

Ähnliche Register sind das Vereins-, Güterrechts-, Genossenschafts- und Musterregister. Ein bestimmter Geldwert, und zwar bei Aktiengesellschaften der Nennwert der Aktien, erhellt stets bei Erhöhungen oder Erniedrigungen des Kapitals, bei Anmeldung von Aktiengesellschaften und Gesellschaften m. b. H. zum Handelsregister, KG. 22 B 26; 28 B 69; 29 B 18; 47, 294. Bei Anmeldung einer Erhöhung des Gesellschaftskapitals bestimmt sich der Wert nach dem Nominalbetrage, nicht nach dem Ausgabekurse, KG. 29 B 18; 53, 305 ff. Früher war auch bei derartigen Eintragungsanträgen zum Register einer Zweigniederlassung derselbe Wert wie bei der Anmeldung zu dem der Hauptniederlassung anzunehmen, KG. 34 B 16; OLG. 15, 198. Nach der übereinstimmenden Ansicht der Regierung und der Kommission des Abgeordnetenhauses zum Gesetze von 1910 soll dies grundsätzlich nicht mehr der Fall sein. Da bei Eintragungen in das Register der Zweigniederlassung gemäß § 70 GKG. die Einschätzung dieser Niederlassung zur Gewerbesteuer maßgebend ist, so erstrecke sich dieser Grundsatz auch auf die Wertbemessung der Anmeldungen. Daher sei auch der Wert des Gegenstandes der Anmeldung in jedem Falle unter Berücksichtigung des besonderen Anlage- und Betriebskapitals der Zweigniederlassung und bei Erhöhung und Herabsetzung des Gesellschaftskapitals nach dem Einflusse dieser Maßnahmen auf das besondere Anlage- und Betriebskapital der Zweigniederlassung und nicht nach dem entsprechend ihrem Anlage- und Betriebskapital auf sie entfallenden Anteil an der Erhöhung oder Herabsetzung des Gesellschaftskapitals zu bemessen, KB. z. GKG. von 1910, 23, 24; Mügel A. 17 zu § 40 GKG. alter Fassung; KG. 48, 291; vgl. auch KG. 53, 304 und A. 1 zu § 22 GKG. sowie endlich KG. 53, 305 ff. — Bei Anträgen auf Eintragung der Liquidation oder Löschung derartiger Gesellschaften erhellt jedoch kein Geldwert, ebenso nicht bei Anmeldung der offenen Handelsgesellschaft zur Eintragung oder Löschung, KG. 37 B 16, oder des Eintritts oder Ausscheidens eines Gesellschafters, s. Mügel A. 16 zu § 40 GKG. alter Fassung. Hier kommt § 22 GKG., nicht aber § 46 Abs. 2 GKG. zur Anwendung. Bei der Anmeldung von Kommanditgesellschaften ist der Wert der Anmeldung der Komplementäre gemäß § 22 Abs. 1 GKG. anzunehmen und derjenige der Kommanditisten zu berechnen. Sodann sind beide Werte gemäß § 39 GKG. zusammenzurechnen. Keinen bestimmten Geldwert haben Anmeldungen zur Eintragung oder Löschung der Firma eines Einzelkaufmanns, eines Prokuristen, die Zeichnung von Firmen oder Namensunterschriften, KG. 37 B 16, die Anmeldungen von Änderungen der Firma oder von Satzungen, sofern keine Änderung des Stamm- oder Gesellschaftskapitals eintritt, die Anmeldungen von Eintragungen und Löschungen von Vorstandsmitgliedern, Geschäftsführern, Liquidatoren, Prokuristen. Ferner haben die Anmeldungen zum Güterrechtsregister im Gegensatze zu den Eheverträgen (Abs. 6), eines Vereins, von Patenten, Warenzeichen, Gebrauchsmustern keinen bestimmten Geldwert. Jedoch darf in keinem Falle, gleichgültig ob ein bestimmter Geldwert erhellt oder nicht, ein höherer Wert als 200 000 Goldmark angenommen werden. Also auch im Falle, daß ein bestimmter Geldwert nicht erhellt, kann abweichend von § 22 GKG. ein Wert bis zu 200 000 ℳ anstatt bis zu 100 000 ℳ angenommen werden. Die Entscheidungen KG. 47, 201, 50, 260 sind jetzt für § 38 Abs. 5 GKG. veraltet. Auch bei Beglaubigungen der in Abs. 5 des § 38 aufgeführten Anmeldungen kann ein Wert bis zu 200 000 ℳ angenommen werden.

7 Bei allen Eheverträgen (Einführung der allgemeinen Gütergemeinschaft, der Fahrnisgemeinschaft, der Errungenschaftsgemeinschaft, der Gütertrennung, d. h. des Ausschlusses der Verwaltung und Nutznießung des Mannes am Vermögen der Frau, ebenso bei Einführung besonderer individuell gewählter Normen für das Güterrecht) entscheidet der Nennwert des Vermögens beider Ehegatten, also der Betrag der Aktiven nach Abzug der Schulden, aber unter Berücksichtigung von § 20 Nr. 9 GKG.

Eine Ausnahme bilden nur Eheverträge, die sich auf bestimmte Gegenstände beziehen, z. B. auf ein Gewerbe, auf Grundstücke, auf Patente, auf Urheberrecht usw.

Ein Vertrag über bestimmte Gegenstände liegt auch vor, wenn bestimmte Gegenstände zum Vorbehaltsgut erklärt werden, KG. in DNV. 1914, 637. Hier entscheidet der Wert dieser Gegenstände ohne Abzug von Schulden.

Wird ein Ehevertrag in Verbindung mit einer Vermögensauseinandersetzung beurkundet, so ist nur der einmalige Wert des beiderseitigen Vermögens der Eheleute nach Abzug der Schulden Gegenstandswert, Landgericht Köln in NZ. 1913, 144 und Mügel A. 17 zu § 35 GKG. alter Fassung. Die in AG. z. BGB. Art. 60 Abs. 1, 61 § 3, 62 Abs. 2 und 65 gewährte Gebührenfreiheit hat für Notare keine Geltung.

Abs. 5 des § 38 GKG. gilt auch für alle Anmeldungen, nicht nur solche aus Eheverträgen, zum Güterrechtsregister. Bei Anmeldungen des Ausschlusses der Schlüsselgewalt der Frau bemißt sich der Wert der Anmeldung gleichfalls nach dem Werte des gegenwärtigen Vermögens der Ehegatten unter Abzug der Schulden, KG. in JMBl. 1922, 458, KK. 1, 83, nach welcher der Abs. 5 in bezug auf Eintragungen ins Güterrechtsregister so zu lesen ist:

> „Der Wert einer Eintragung ins Güterrechtsregister bemißt sich nach dem Werte des gegenwärtigen Vermögens der Ehegatten unter Abzug der Schulden. Betrifft die Eintragung in das Güterrechtsregister nur bestimmte Gegenstände, so ist deren Wert maßgebend."

Dies muß auch für Anmeldungen zum Güterrechtsregister gelten.

Die Mindestgrenze einer Gebühr von 10 *M* ist durch Gesetz vom 12. April 1923 (GS. 107) fortgefallen.

Vereinbarungsfreiheit s. § 26 Nr. 1 GO.

GKG. § 39.

Beurkundung mehrerer Geschäfte in einer Verhandlung.

(1) Werden in einer Verhandlung mehrere Erklärungen beurkundet, die denselben Gegenstand haben, so wird die Gebühr nur einmal von dem Werte dieses Gegenstandes nach dem höchsten in Betracht kommenden Gebührensatze berechnet.

(2) Haben die in einer Verhandlung beurkundeten Erklärungen einen verschiedenen Gegenstand, so wird, wenn für alle Erklärungen derselbe Gebührensatz zur Anwendung kommt, dieser Gebührensatz nur einmal nach dem zusammengerechneten Werte berechnet. Kommen verschiedene Gebührensätze zur Anwendung, so wird jede Gebühr besonders berechnet; es wird jedoch, soweit ein und derselbe Gebührensatz für mehrere Gegenstände zur Anwendung kommt, der Wert dieser Gegenstände zusammengerechnet. Der Gesamtbetrag der Gebühren darf die unter Zugrundelegung des höchsten

Gebührensatzes vom Gesamtwerte berechnete Gebühr nicht übersteigen. Die Vorschrift des § 31 Abs. 1 findet hinsichtlich der Einzelgebühren keine Anwendung; der Mindestsatz wird nur dann angesetzt, wenn der Gesamtbetrag der für die Verhandlung zu ergebenden Gebühren hinter ihm zurückbleibt.

1 In welchen Fällen der Notar verschiedene Erklärungen in einer Urkunde aufnehmen muß, darüber gibt das Gesetz keine Anweisung. Es ist Pflicht des Notars, die Beurkundung so billig wie möglich zu bewirken. Deshalb muß er für die Aufnahme in einer Urkunde sorgen, sofern die Geschäfte in irgendeinem, wenn auch nur wirtschaftlichen Zusammenhange stehen, ferner die Aufnahme in einer Urkunde möglich ist und schließlich durch sie nicht zweckwidrige Schwierigkeiten bei der Verwendung der Urkunde verursacht werden. Verletzt er seine Pflicht, so kann er auch für die verschiedenen Urkunden nur die Gebühr für eine Urkunde fordern. Ausdrückliches Verlangen der Beteiligten entbindet ihn von dieser Pflicht, KG. 17, 250. Der vom RhNV. in DNV. 1914, 202, 203 aufgestellte Grundsatz, daß Anträge auf einheitliche Beurkundung nicht zusammengehöriger Gegenstände grundsätzlich abzulehnen sind und daß ein Zuwiderhandeln gegen diesen Grundsatz als unlauterer Wettbewerb anzusehen ist, geht zu weit. Es kommt alles auf den einzelnen Fall an. Unlauterer Wettbewerb kann nur dann vorliegen, wenn der Notar mit der Absicht handelt, seine Praxis vor derjenigen seiner Kollegen durch unzulässige Zusammenlegung zu fördern.

2 Der § 39 GKG. bezieht sich nach seiner Stellung im Gesetze nur auf diejenigen Erklärungen, die in den voraufgehenden §§ 33 bis 38 GKG. behandelt sind. Erklärungen sind daher identisch mit Rechtsgeschäften. Auf die in den folgenden Paragraphen behandelten Beurkundungen kommt er nur zur Anwendung, insofern in einzelnen Paragraphen, §§ 41 Abs. 1, 42 Abs. 3 GKG., auf ihn Bezug genommen wird, Begr. z. GKG. 1910 S. 30 und für früheres Recht KG. 16, 200 und 39 B 32. Außerdem enthält der § 46 GKG. eine spezielle ähnliche Bestimmung wie der § 39 GKG. Nicht zur Anwendung kommt der § 39 GKG. z. B. bei der gleichzeitigen Beurkundung der Annahme der Erbschaft und der Abgabe einer eidesstattlichen Versicherung behufs Erlangung des Erbscheins oder der Erklärung des märkischen Ehegatten, der Annahmeerklärung des Testamentsvollstreckers. Hier sind die Erklärungen der Annahme der Erbschaft oder des Amtes als Testamentsvollstrecker sowie die des märkischen Ehegatten nur Nebengeschäfte, für die nichts zu liquidieren ist. Auch bei anderweitigen Verbindungen von Beurkundungen von Rechtsgeschäften und sonstigen Erklärungen ist zu prüfen, ob nicht das eine Geschäft Nebengeschäft und überhaupt nicht in Ansatz zu bringen ist. Nur mit dieser Maßgabe ist der Grund-

satz der RhNB. in DNB. 1914, 204 richtig, daß in diesen Fällen die Werte beider Erklärungen nicht zusammenzurechnen sind, vgl. auch KG. 43, 338 und in NZ. 1913, 206. Nicht zusammenzurechnen sind jedenfalls mehrere eidesstattliche Versicherungen, die zu verschiedenen Zwecken abgegeben werden, Landgerichtspräsident zu Brieg in DNB. 1912, 59. Die Zusammenrechnung ist ferner ausgeschlossen, sobald § 22 Abs. 3 GKG. zur Anwendung kommt, s. A. 3 zu § 22 GKG. — Soweit der § 39 GKG. zur Anwendung kommt, gibt es keine besondere Liquidation für die einzelnen Rechtsgeschäfte, sondern nur eine einheitliche Berechnung der Gebühren gemäß den in den folgenden Anmerkungen gemachten Ausführungen.

3 Nach § 38 GKG. ist Gegenstand des beurkundeten Rechtsgeschäfts das Rechtsverhältnis, dessen Begründung, Übertragung, Feststellung oder Aufhebung beurkundet wird. Demnach müßte man den § 39 GKG. logischerweise folgendermaßen verstehen: Werden zu gleicher Zeit zwei oder mehrere Rechtsgeschäfte beurkundet, die die Begründung oder Übertragung oder Feststellung oder Aufhebung desselben Rechtsverhältnisses bewirken, so haben diese Rechtsgeschäfte denselben Gegenstand; ist dies nicht der Fall, so haben sie einen verschiedenen Gegenstand. Im Gegensatze hierzu nehmen Mügel A. 6 zu § 21 GKG. alter Fassung, Beushausen S. 155, KG. 25 B 11 u. 27 B 11 an, daß Gegenstand im Sinne des früheren § 40 resp. 41 GKG., an deren Stelle der jetzige § 39 GKG. getreten ist, die Sache oder Leistung ist, deren Wert die Gebührenberechnung bestimmt. Gegenstand im jetzigen § 38 GKG. soll danach etwas anderes bedeuten als im § 39 GKG. Gegenstand soll in § 39 GKG. die Sache oder Leistung sein, deren Wert die Gebührenberechnung bestimmt. Diese wenigstens klare Definition wird nun wieder durch die Entsch. des KG. 38 B 19 kompliziert. Nach dieser Entscheidung sollen Erklärungen auch dann einen „verschiedenen Gegenstand" haben, wenn dieselben Objekte bei den in der Urkunde enthaltenen mehreren Erklärungen rechtlich in verschiedenen Beziehungen in Betracht kommen. Es haben nach dieser Entscheidung einen verschiedenen Gegenstand: der Erbauseinandersetzungsvertrag seitens mehrerer Geschwister über den elterlichen Nachlaß und der Gesellschaftsvertrag behufs gemeinschaftlicher Verwertung der einzelnen Geschwistern bei der Erbteilung zugewiesenen Objekte. Ebenso sollen einen verschiedenen Gegenstand haben die Ausschlagung derselben Erbschaft seitens einer Frau nach ihrer Mutter und sodann der Kinder dieser Frau nach derselben Erblasserin.

Ist die Ausdrucksweise des Gesetzes auch dunkel, so ist seine Absicht doch klar. Die Notariatsakte sollen nicht verteuert werden. Es soll möglichst nur eine Gebühr in Frage kommen. Ich nehme daher an: die konkrete Sache oder das konkrete Recht oder die konkrete Verpflichtung, auf das oder die sich die beiden Erklärungen beziehen, muß dasselbe oder dieselbe sein. Handelt es sich z. B. um ein Haus, so haben Kaufvertrag, Mietsvertrag, Werkvertrag, Abtretung des Kaufpreises, des Mietszinses, die Rechte des Verkäufers und die des Vermieters alle denselben Gegenstand. Es ist für alle nur einmal zu liquidieren.

Bei der Prüfung der Gegenstände ist zu beachten, daß bloße Nebengeschäfte nicht in Betracht kommen, A. 2 ff. zu § 19 GKG.

Ob eine Sache bei einem Rechtsgeschäfte mit ihrem vollen Werte, bei einem anderen nur mit einem Teile des Wertes in Betracht kommt, ist für die Identitätsfrage gleichgültig, KG. 25 B 11; Bl. f. R. 1905, 45. Die von Beushausen S. 157 angeblich gefundene Lücke im Gesetze existiert nicht. Auflassung $^{20}/_{10}$, Wert 100 000 Goldmark; Löschung einer Hypothek $^{10}/_{10}$, Wert 10 000 Goldmark. Es kommen $^{20}/_{10}$ von 100 000 Goldmark mit 320 Goldmark zum Ansatze.

4 Denselben Gegenstand haben nach der herrschenden und meiner Ansicht die Bürgschaftserklärung mehrerer Bürgen, die Verpfändung mehrerer Grundstücke für dieselbe Forderung, die Beurkundung mehrerer Vollmachten mit derselben Ermächtigung, diejenige eines Kaufvertrags und diejenige einer Vollmacht zur Auflassung des verkauften Grundstücks, KG. 25 B 11, diejenige eines Kaufvertrags und der Zession des Kaufpreises, KG. 27 B 11 und RhNV. in DNV. 1914, 203. Die Beurkundung eines Ehevertrags in Verbindung mit der Vermögensauseinandersetzung, Landgericht Köln in NZ. 1913, 144 und Mügel A. 17 zu § 35 GKG. alter Fassung, der Antrag des Eigentümers und die Bewilligung des Gläubigers auf pfandfreie Abschreibung eines Grundstücksteils, die Beurkundung des obligatorischen kausalen Geschäfts und des abstrakten Geschäfts, z. B. der Vollmacht und des zugrunde liegenden Kausalvertrags, KG. in DNV. 1913, 519, s. A. 3 zu § 37 GKG., nach meiner Meinung auch die Beurkundung des sog. Möbelleihvertrags (Kaufvertrag, Mietsvertrag und Wiederkaufsrecht), haben alle denselben Gegenstand; ebenso die Gewährleistung des Zedenten für Sicherheit und Bestand des abgetretenen Rechtes, der Antrag zum Kaufe eines Grundstücks und die Bewilligung der Eintragung einer Auflassungsvormerkung, KG. 42, 299, Schuldverschreibung und Hypothekenbestellung in allen Fällen, auch wenn die Schuld größer als der Wert des verpfändeten Grundstücks ist, KG. 43, 338, ebenso die Beurkundung einer Darlehnsschuld, wenn diese einer gleichzeitig unter Umwandlung in eine Hypothek dem Gläubiger abgetretenen Eigentümergrundschuld als persönliche Schuldverbindlichkeit untergelegt wird, auch wenn hierbei Zins- und Zahlungsbedingungen verändert werden, GKG. 41, 285; Mügel A. 6 zu § 41 GKG. alter Fassung. Auch eine löschungsfähige Quittung oder Löschungsbewilligung eines Gläubigers und der Löschungsantrag des Eigentümers haben denselben Gegenstand, KG. 28 B 3, ferner die Beurkundung des Kaufvertrags und die Abtretung des

Herausgabeanspruchs auf die verkaufte Sache, OLG. 21, 150, des mehrmaligen Verkaufs derselben Sache, OLG. 9, 208, der Abtretung einer Forderung in Teilbeträgen an mehrere Personen, RG. in JW. 87, 320. — Es kommt nicht darauf an, ob in dem einen Falle der volle Wert einer Sache, in dem anderen nur ein Teil dieses Wertes in Betracht kommt. In allen diesen Fällen wird der Wert nur einmal zum Ansatze gebracht. Beispiel: A erklärt, dem B 20 000 ℳ zu verschulden, B tritt von dieser Schuld dem C 10 000 ℳ ab. Wert 20 000 ℳ, KG. 25 B 11.

5 Einen verschiedenen Gegenstand soll nach der herrschenden Ansicht die Beurkundung eines Kaufvertrags und eines Mietsvertrags über dieselbe Sache haben, da bei dem ersten der Kaufpreis, bei dem zweiten der Mietspreis die Leistung ist, deren Wert die Gebührenberechnung bestimmt, beide Leistungen aber verschieden sind. Ebenso sollen einen verschiedenen Gegenstand die Beurkundung der Ermäßigung oder Erhöhung der Zinsen, der Unterwerfung unter die Zwangsvollstreckung, der Änderung der Kündigungsbedingungen haben, da hier die betreffenden Änderungen Gegenstand des Rechtsgeschäfts sein sollen und jede Änderung eine besondere, nicht mit den anderen Änderungen identische ist. Ebenso soll die Abtretung einer Forderung, wenn sie mit solchen Abänderungen zusammen beurkundet wird, einen von den Gegenständen der Änderungen verschiedenen Gegenstand haben, nämlich die Gegenleistung, die für die Abtretung gewährt wird. Ebenso soll es gehalten werden, wenn dieselbe Erbschaft seitens der Ehefrau und seitens des Mannes als gesetzlichem Vertreter der Kinder ausgeschlagen wird, KG. 38 B 17, wenn ein Mietsvertrag und eine Kaufofferte über dasselbe Grundstück, KG. 42, 299, oder ein Mietsvertrag und eine Vertragsstrafe für den Fall, daß der Beitritt eines weiteren Vermieters nicht beschafft wird, in demselben Vertrag enthalten sind. Ebenso sollen bei gleichzeitiger Beurkundung einer löschungsfähigen Quittung und Umwandlung der Eigentümerhypothek in eine Darlehnshypothek verschiedene Gegenstände vorliegen, OLG. 9, 213. Meine abweichende Meinung in allen diesen Punkten s. oben A. 3. Meiner Ansicht nach liegt überall derselbe Gegenstand vor und ist nur einmal zu liquidieren.

Zweifellos haben einen verschiedenen Gegenstand: die Ausschlagung einer Erbschaft seitens mehrerer Miterben, in welchem Falle die Anteile der einzelnen Mitglieder an der Aktivmasse zu schätzen und zusammenzurechnen sind, Bartscher in DNV. 1914, 639, die Beurkundung einer Hypothekenbestellung und gleichzeitige Löschungsbewilligung des Bestellers für eine Vorhypothek, RhNV. in DNV. 1914, 202.

6 Haben die Erklärungen denselben Gegenstand, so wird die Gebühr nur einmal berechnet, und zwar nach dem höchsten in Betracht kommenden Gebührensatze. Beispiel: Beurkundung eines Kaufvertrags (zweifache Gebühr) und Abtretung des Kaufpreises (einfache Gebühr). Hier wird nur die zweifache Gebühr nach dem Werte des Kaufpreises liquidiert. Beurkundung eines Kaufvertrags (zweifache Gebühr) und Beurkundung einer Vollmacht zur Empfangnahme des Kaufpreises ($^4/_{10}$-Gebühr). Auch hier wird ebenso liquidiert.

7 Haben die Erklärungen einen verschiedenen Gegenstand, so soll angeblich eine Vereinfachung der Berechnung durch das neue Gesetz eingeführt werden. In Wirklichkeit ist in einem großen Teil aller Fälle die Berechnung eine schwierigere geworden, wie die folgenden A. 8 bis 11 dartun werden.

8 a) Verschiedener Gegenstand, aber überall derselbe Gebührensatz. Dann wird der Wert nach wie vor zusammengerechnet. Von dem zusammengerechneten Werte kommt der Gebührensatz nur einmal zur Anwendung. In Betracht kommen die volle, die zweifache und die Gebühr nach Bruchteilen. Derselbe Gebührensatz kommt zur Anwendung, wenn durchweg nach der vollen oder durchweg nach der zweifachen oder durchweg nach einer Gebühr nach gleichen Bruchteilen zu liquidieren ist. Beispiel: Bestellung zweier Darlehnshypotheken zu 20 000 Goldmark und zu 10 000 Goldmark. Wert zusammen 30 000 Goldmark. Derselbe Gebührensatz von $^{10}/_{10}$ = 72 Goldmark.

9 b) Verschiedener Gegenstand, alle Erklärungen haben verschiedene Gebührensätze. Jede Gebühr wird besonders berechnet. Beispiel: Es liegen vor eine Vertragsofferte von 30 000 Goldmark (Gebührensatz $^{15}/_{10}$) und eine Vertragsstrafe von 1000 Goldmark (Gebührensatz $^{10}/_{10}$). 108 Goldmark + 8 Goldmark. Gesamtgebühr daher 116 Goldmark. Diese angebliche Grundregel wird aber in der Praxis die Ausnahme bilden. Denn nimmt man nur eine gewiß angemessene Vertragsstrafe von 3000 Goldmark, so würden sich 108 Goldmark + 16 Goldmark, also 124 Goldmark ergeben. Die $^{15}/_{10}$-Gebühr von 33 000 Goldmark würde aber nur 120 Goldmark betragen, weshalb nach § 39 Abs. 2 Satz 3 GKG. dieser Satz zur Anwendung kommt, s. A. 11.

10 c) Verschiedener Gegenstand, ein Teil der Erklärungen hat denselben Gebührensatz, ein Teil verschiedene Gebührensätze. Dann wird zunächst der Wert derjenigen Erklärungen, die denselben Gebührensatz haben, zusammengerechnet. Sodann werden die Gebühren von diesem Werte und die von den übrigen Erklärungen einzeln berechnet. Die Summe aller dieser Sätze ergibt die Gebührenforderung. Beispiel: Kaufvertrag über ein Grundstück 10 000 Goldmark (Gebührensatz $^{20}/_{10}$), Mietsvertrag über eine Wohnung in einem anderen Grundstück 800 Goldmark ($^{20}/_{10}$), Vertragsstrafe 300 Goldmark ($^{10}/_{10}$), Vollmachtserteilung 3000 Goldmark ($^5/_{10}$). Es sind zunächst die Werte der beiden mit $^{20}/_{10}$ zum Ansatz zu bringenden Beträge von 10 000 + 800 Goldmark mit 10 800 Gold-

mark zusammenzurechnen. Dann ergiebt sich: 10800 Goldmark ($^{20}/_{10}$) = 72 Goldmark, 300 Goldmark ($^{10}/_{10}$) = 5 Goldmark, 3000 Goldmark ($^{5}/_{10}$) = 8 Goldmark. Die Gesamtgebühr beträgt daher 85 Goldmark. Auch Beispiele für diesen Fall werden nicht allzu häufig sein.

11 d) Die Berechnungsart der A. 9 und 10 fällt jedoch fort, sobald die Gebühr vom Gesamtwert aller Erklärungen, berechnet nach dem höchsten Gebührensatze, der unter den verschiedenen Erklärungen vorkommt, niedriger als die nach A. 9 und 10 berechneten Gesamtgebühren ist. Es müssen also stets nicht bloß eine, sondern zwei Rechnungen vorgenommen werden, um zu prüfen, welche zur Anwendung kommen muß. In der Praxis wird diese in Satz 3 Abs. 2 des § 39 GKG. gegebene Vorschrift hauptsächlich zur Anwendung kommen. Beispiel: Offerte eines Kaufvertrags 26000 Goldmark, Vertragsstrafe 20000 Goldmark, Vollmacht 3000 Goldmark, Darlehnsversprechen 11000 Goldmark. 26000 Goldmark ($^{15}/_{10}$) = 96 Goldmark, Vertragsstrafe und Darlehnsversprechen zusammengerechnet 31000 Goldmark ($^{10}/_{10}$) = 80 Goldmark, Vollmacht 3000 Goldmark ($^{5}/_{10}$) = 8 Goldmark, zusammen 184 Goldmark. Der zusammengerechnete Wert aller Erklärungen von 60000 Goldmark würde zu $^{15}/_{10}$ gerechnet aber nur eine Gebühr von 168 Goldmark ergeben. Demzufolge kommt nur diese geringere Gebühr zur Hebung.

12 Es ist noch der letzte Satz des § 20 Nr. 3 GKG. zu berücksichtigen, der lautet: „Der Wert bestimmt sich nach dem höheren der beiden nach den Vorschriften dieser Nummern in Betracht kommenden Beträge, sofern dies für den Kostenschuldner nach den Vorschriften des § 39 günstiger ist." Es wird ein Trennstück verkauft; der Gläubiger entläßt gleichzeitig das Trennstück aus der Mithaft für seine Forderung. Gegenstand des Kaufvertrags ist der Wert des Trennstücks, in der Regel also der Kaufpreis; Gegenstand des Pfandrechts in erster Linie die Forderung und nur, wenn der Wert des Trennstücks geringer ist, dieser. Es soll aber in diesen Fällen stets nur einmal nach dem Werte des Trennstücks liquidiert werden, auch wenn die Forderung einen geringeren Wert hat. Beispiel: Verkauf eines Trennstücks zum Preise von 20000 Goldmark, Entlassung des Trennstücks aus der Mithaft wegen einer Hypothek von 10000 Goldmark. Hier wird nur einmal die zweifache Gebühr von 20000 Goldmark liquidiert.

13 Die jetzt in § 39 GKG. getroffene Regelung umfaßt auch die Mitbeurkundung der Erklärungen dritter Personen, so daß diese keinen besonderen Regeln unterliegt. Sie werden genau so behandelt wie die Erklärungen der Hauptpersonen.

14 An Stelle des § 31 Abs. 1 GKG. ist für Notare der gleichlautende § 3 Abs. 1 GO. zu setzen. Die Einzelgebühr kann unter den niedrigsten Satz hinuntergehen, nur die Gesamtgebühr darf nicht unter 2 Goldmark heruntergehen.

GKG. § 40.

Anerkennung des Inhalts.

Für die Anerkennung des Inhalts einer schriftlich abgefaßten Erklärung (§ 176 Abs. 2 des Gesetzes über die Angelegenheiten der freiwilligen Gerichtsbarkeit), einschließlich der Beurkundung ergänzender oder abändernder Erklärungen, werden dieselben Gebühren wie für die Beurkundung der Erklärung erhoben.

1 § 40 GKG. findet Anwendung, auch wenn die Erklärung schon in einer öffentlichen Urkunde enthalten ist, KG. 29 B 69.

2 Für die Beurkundung von Abänderungen oder Ergänzungen der Schrift durch den Notar kann nichts liquidiert werden. Ob es sich nur um die Beurkundung von Erklärungen, welche die privatschriftliche Erklärung ergänzen oder abändern, oder um die Beurkundung eines selbständigen neuen Vertrags handelt, erscheint jetzt gleichgültig und KG. 52, 259 veraltet, da der Notar jetzt sowieso stets die für das anerkannte Schriftstück bestimmte Gebühr, aber auch niemals mehr erhält.

3 Es kommen jetzt stets dieselben Gebühren zur Erhebung, die der Notar liquidieren könnte, wenn er die Erklärung selbst beurkundet hätte, bei zweiseitigen Verträgen also jetzt $^{20}/_{10}$, bei Offerten $^{15}/_{10}$, bei den Erklärungen des § 37 GKG. $^{5}/_{10}$. Auch Erklärungen gemäß § 313 BGB. fallen hierunter, OLG. 40, 454.

Hat der Notar zugleich die anerkannte Schrift entworfen, so erhält er nur die in § 40 GKG. verzeichneten Gebühren.

4 Beispiel für die Berechnung: Anerkenntnis eines Kaufvertrags, Wert 20 000 Goldmark, Ermäßigung des Kaufpreises auf 19 000 Goldmark und Abänderung der Zahlungsbestimmungen wegen des Restkaufgeldes von 3000 Goldmark. Zweifache Gebühr gemäß § 34 GKG. von 20 000 Goldmark = 104 Goldmark. Weder für die Ermäßigung des Kaufpreises noch für die Änderung der Zahlungsbestimmungen kann etwas liquidiert werden.

GKG. § 41.

Beglaubigung von Unterschriften oder Handzeichen.

(1) Für die Beglaubigung von Unterschriften oder Handzeichen werden zwei Zehnteile der vollen Gebühr erhoben. Die Vorschriften der §§ 38, 39 Abs. 1, Abs. 2 Satz 1 sind entsprechend anzuwenden.

(2) Für die gerichtliche Beglaubigung amtlicher Unterschriften um Zwecke der Legalisation im diplomatischen Wege (§ 43 des

Ausführungsgesetzes zum Deutschen Gerichtsverfassungsgesetze vom 24. April 1878 in der Fassung des Artikel 130 VI des Preußischen Gesetzes über die freiwillige Gerichtsbarkeit) werden fünf Zehnteile der vollen Gebühr erhoben. Die Vorschriften der §§ 38, 39 Abs. 1, Abs. 2 Satz 1 sind entsprechend anzuwenden.

(3) Außer den reichsgesetzlichen Bestimmungen über das Reichsschuldbuch und dem § 25 Abs. 3 des Gesetzes, betreffend das Staatsschuldbuch, in der Fassung der Bekanntmachung vom 27. Mai 1910 (Gesetzsamml. S. 55) bleibt auch die im § 42 der Hinterlegungsordnung vom 21. April 1913 (Gesetzsamml. S. 225) enthaltene Vorschrift in Kraft.

1 Für Beglaubigungen, gleichgültig, wieviel Unterschriften gleichzeitig beglaubigt werden, sind jetzt grundsätzlich $^{2}/_{10}$ der Gebühr des § 33 GKG. zu erheben. Es kommt auch nicht darauf an, ob die Urkunde eine einseitige Erklärung oder eine zweiseitige Erklärung enthält; s. jedoch die Besonderheit in § 9 GO. und A. dazu. Nimmt der Notar an der ihm vorgelegten Urkunde auf Wunsch der Beteiligten noch Änderungen vor, so kann er für diese Änderungen gemäß § 9 Abs. 1 GO. neben der ihm zustehenden Beglaubigungsgebühr des § 41 GKG. noch besonders liquidieren. Auch die Beglaubigung einer Firmenzeichnung ist eine Unterschriftsbeglaubigung. Es ist gemäß § 41 GKG. zu liquidieren, KK. 1, 79.

2 Die Wertberechnung erfolgt bei Beglaubigungen von Unterschriften nach dem Werte der Urkunde, deren Unterschrift beglaubigt wird. Dieser Wert ist nach den Vorschriften der §§ 19 bis 22, 38, 41 Abs. 1, 2 Satz 1, 78, 87 GKG. durch den Notar festzustellen. Ist für ein Geschäft ein Höchstwert im Gesetze bestimmt, z. B. in § 38 Abs. 4 und 5 GKG. für Vollmachten und Anmeldungen zum Handelsregister und ähnlichen Registern, so gilt dieser Höchstwert auch für Beglaubigungen. Für die Berechnung der Beglaubigung von Unterschriften von einzelnen Teilnehmern an einer Erklärung gelten die in A. 4 und 5 zu § 38 GKG. aufgeführten Grundsätze. Erfolgt die Beglaubigung der Unterschrift ausdrücklich nur wegen eines Teils der in der Schrift beurkundeten Erklärungen, so ist nur der Wert dieses Teiles für die Gebührenberechnung maßgebend, KG. in DNB. 1912, 354. — Enthält die Urkunde, deren Unterschrift beglaubigt wird, mehrere Erklärungen, so ist die Berechnung des Wertes einfacher als im § 39 GKG., da nur dessen Abs. 1 und der Satz 1 seines Abs. 2 zur Anwendung kommen. Haben die Erklärungen denselben Gegenstand, A. 4 zu § 39 GKG., so wird die $^{2}/_{10}$-Gebühr von dem Werte dieses Gegenstandes berechnet. Haben die Erklärungen einen verschiedenen Gegenstand, A. 5 zu § 39 GKG., so wird deren Wert zusammengerechnet und die $^{2}/_{10}$-Gebühr von dem zusammengerechneten Werte berechnet.

3 Beispiele für die Berechnung: Beglaubigung der Bestellung einer Darlehnshypothek von 10 000 Goldmark und der Einräumung des Vorrangs für diese durch einen Dritten mit einer vorstehenden Hypothek von 12 000 Goldmark. Wert 10 000 Goldmark, da derselbe Gegenstand vorliegt, gemäß §§ 39 Abs. 1 und 2, 20 Nr. 3 GKG. hiervon $^{2}/_{10}$ = 6,40 Goldmark. — Beglaubigung der Abtretung einer Hypothekenforderung von 2000 Goldmark und der Veränderung der Zahlungsbedingungen für 10 Jahre. Wert nach der herrschenden Ansicht 2000 + 200 Goldmark = 2200 Goldmark, davon $^{2}/_{10}$ Gebühr = 2,80 Goldmark. Ich würde nur einmal den Wert von 2000 Goldmark annehmen, A. 5 zu § 39 GKG.

4 Nach Art. 60 Abs. 1 PrFGG. ist der Notar ohne Zustimmung der Beteiligten nicht befugt, von dem Inhalte der Urkunde Kenntnis zu nehmen, also auch nicht um die zur Wertberechnung nötigen Unterlagen zu gewinnen. Dagegen sind die Beteiligten verpflichtet, dem Notar die für die Wertberechnung erforderlichen Angaben zu machen, Mügel A. 6 zu § 43 GKG. alter Fassung; vgl. A. 7 zu § 18 GKG.

4a Der Abs. 2 des § 41 GKG. gilt nicht für Notare, sondern nur für die Gerichte. Für diese Kosten haftet jedoch nicht der den Antrag stellende Notar, sondern sein Auftraggeber, KK. 1, 90.

5 Die in Betracht kommende Bestimmung des Gesetzes über das Reichsschuldbuch lautet:

§ 20 Abs. 3. An Gebühren für die gerichtliche oder notarielle Beglaubigung der Anträge sind zu erheben: bei Beträgen bis 2000 Mark 1 Reichsmark 50 Pf., bei Beträgen über 2000 Mark 3 Reichsmark, soweit nicht nach landesrechtlichen Vorschriften eine geringere Gebühr zur Hebung kommt.

6 Der § 25 Abs. 3 des Gesetzes über das Staatsschuldbuch lautet in der Fassung vom 27. Mai 1910 (GS. 55):

An Gebühren für die gerichtliche oder notarielle Beglaubigung der Anträge sind zu erheben:

bei Beträgen bis 2000 Mark: 1 Mark 50 Pfennig,

bei Beträgen über 2000 Mark: 3 Mark,

soweit nicht nach dem Gerichtskostengesetz eine geringere Gebühr zur Hebung kommt.

Sowohl in den Fällen der A. 5 wie der A. 6 ist es unerheblich, ob die Beglaubigung im Gesetz erfordert wird oder nicht, Mügel A. 7 zu § 43 GKG. alter Fassung.

7 Der § 42 der Hinterlegungsordnung ist durch Gesetz vom 4. Jan. 1924 (GS. 19) aufgehoben, seine Sätze kommen daher nicht mehr in Betracht.

GKG. § 42.

Verfügungen von Todes wegen.

(1) Für die Beurkundung von Verfügungen von Todes wegen wird das Zweifache der vollen Gebühr erhoben, wenn sie mündlich erklärt werden oder der Entwurf vom Richter angefertigt wird. In allen anderen Fällen wird für die Errichtung einer Verfügung von Todes wegen vor einem Richter die volle Gebühr erhoben.

(2) Für die Beurkundung des Widerrufs einer letztwilligen Verfügung und für die Beurkundung der Aufhebung eines Erbvertrags werden fünf Zehnteile der vollen Gebühr erhoben. Die Gebühr fällt fort, wenn zum Ersatze der widerrufenen Verfügung oder des aufgehobenen Erbvertrags eine neue Verfügung von Todes wegen oder ein neuer Erbvertrag bereits beurkundet worden ist oder gleichzeitig beurkundet wird.

(3) Wird ein Erbvertrag gleichzeitig mit einem Ehevertrage beurkundet, so finden die Vorschriften des § 39 Anwendung.

(4) Soweit die Gebühren für eine Verfügung über den gesamten Nachlaß oder einen Bruchteil desselben bei Lebzeiten des Verfügenden fällig werden, sind sie nach dem Werte des Vermögens zur Zeit der Fälligkeit zu berechnen.

(5) Der Berechnung der Gebühren sind in der Regel die Angaben des Verfügenden über den Wert des Gegenstandes zugrunde zu legen. Eine Nachforderung der infolgedessen zu wenig angesetzten Gebühren wird durch die Vorschrift des § 12 nicht ausgeschlossen. Bezüglich dieser Nachforderung beginnt die Verjährung erst mit dem Schlusse des Jahres, in welchem die Eröffnung oder Rückgabe der Verfügung erfolgt ist.

1 Der Abs. 1 des § 42 GKG. ergibt in Verbindung mit § 9 GO. folgendes Resultat:

a) Der Notar erhält $^{10}/_{10}$,
wenn ihm die Erklärung des Erblassers in einer offenen oder verschlossenen Schrift zu Protokoll übergeben wird.

b) Er erhält $^{20}/_{10}$,
1. wenn ihm die Erklärung des Erblassers mündlich zu Protokoll erklärt wird,
2. wenn er den Entwurf der offenen oder verschlossenen Schrift, die ihm zu Protokoll übergeben wird, entworfen hat,
3. wenn er bloß den Entwurf eines Testaments gefertigt hat; ebenso auch für alle Entwürfe zu eigenhändigen Testamenten; dies folgt meiner Meinung notwendig aus § 9 GO. Auch der Satz 2 Abs. 1

§ 42 GKG. steht nicht entgegen, da dieser nur von der Errichtung einer Verfügung von Todes wegen vor einem Richter, im vorliegenden Falle vor einem Notar, spricht. Wird der Entwurf später dem Notar, der ihn angefertigt hat, zu Protokoll überreicht, so erhält er dafür nichts mehr.

Gleichgültig ist es, ob ein Erbvertrag, ein gemeinschaftliches oder ein alleiniges Testament errichtet werden.

Für die Beförderung des Testaments an das Gericht erhält der Notar keine besondere Gebühr, §§ 9 GO., 54 GKG. Auch wenn er das Testament selbst zum Gerichte bringt, darf er hierfür nicht die Wegegebühr des § 51 GKG. erheben, da es sich um ein Nebengeschäft und nicht um die Rechtshandlung selbst handelt, KG. 39 B 61. Er kann nur, soweit das Gesetz dies erlaubt, seine baren Auslagen erstattet verlangen, A. 3 und 5 zu § 54 GKG.

2 Für Beurkundung und den Entwurf (§ 9 GO.) des Widerrufs einer letztwilligen Verfügung und für die Aufhebung eines Erbvertrags und für den Entwurf hierzu erhält der Notar $^5/_{10}$. Auch diese Gebühr fällt fort und der Notar erhält nichts, wenn der Notar vorher oder gleichzeitig zum Ersatze eine neue Verfügung von Todes wegen errichtet hat, respektive errichtet. Nur wenn beides derselbe Notar tut, kann meiner Meinung nach die Bestimmung bei Notaren Anwendung finden. Dagegen erhält der Notar selbstverständlich seine ihm für die Errichtung der neuen Verfügung zustehenden Gebühren, KG. 30 B 15, s. auch A. 1. Die beiden Verfügungen, die aufgehobene und die neuerrichtete, müssen gleichwertig sein. Es kommt darauf an, ob sie qualitativ gleich sind. Wenn beide den ganzen Nachlaß betreffen, so fällt die Gebühr für den Widerruf fort, auch wenn der Nachlaß inzwischen größer oder kleiner geworden ist, KG. 50, 262. Wird nur das Testament eines Ehegatten widerrufen und dafür ein gemeinschaftliches beider Ehegatten errichtet, so ist der Widerruf gebührenpflichtig, KG. 48, 277.

3 Die früher in diesem Paragraphen enthaltenen Bestimmungen über die Gerichtskosten für die amtliche Verwahrung, Errichtung und Rückgabe einer Verfügung von Todes wegen befinden sich jetzt im § 79 GKG.

4 Der § 41 Abs. 3 GKG. findet keine Anwendung, wenn Rechtsgeschäfte von Todes wegen mit anderen Geschäften, z. B. einem Erbverzichtsvertrag unter Lebenden, verbunden werden. Hier wird für jedes Geschäft besonders liquidiert, KG. 16, 198 und RhNB. in DNB. 1914, 204. — Bei Verbindung von Ehe, Erbvertrag und anderen Geschäften unter Lebenden soll § 38 GKG. aber wieder Anwendung finden, KG. 22 B 3, meiner Meinung nach zu Unrecht. Die Konstruktion des KG. ist sehr künstlich. Richtigerweise sind Ehe- und Erbvertrag gemäß § 38 GKG. zu berechnen, das andere Geschäft ist besonders zu berechnen. Ehe- und Erb-

vertrag brauchen nicht stets denselben Gegenstand zu haben, wenn dies auch die Regel ist, RhNV. in DNV. 1914, 204.

5 Fällig sind die Gebühren für den Notar mit der Ablieferung der Verfügung von Todes wegen an das Gericht. Als Wert ist das Vermögen nach Abzug der Schulden anzunehmen, bei einer Verfügung über einen Bruchteil des Vermögens auch nur dieser Bruchteil unter Abzug des entsprechenden Bruchteils der Schulden, bei einer Verfügung über einzelne Vermögensstücke deren Wert, § 20 GKG., ohne Abzug der Schulden, bei gemeinschaftlichen Testamenten und Erbverträgen das gemeinschaftliche Vermögen nach Abzug der Schulden. Zu den abzuziehenden Schulden gehören jedoch nicht Vermächtnisse und Auflagen, OLG. 7, 437. Bei der Berechnung ist die neue Vorschrift des § 20 Abs. 9 GKG. besonders zu beachten. Soweit in einer Verfügung von Todes wegen über einzelne Vermögensstücke nur Wünsche geäußert werden, bleibt der Wert dieser Vermögensstücke außer Betracht, KG. 46, 277 und DNV. 1916, 37. Trifft der Notar, der die Verfügung von Todes wegen außerhalb seiner Geschäftsstelle aufnehmen soll, den Erblasser geschäftsunfähig oder tot, so kann er keine Gebühren, sondern nur Ersatz seiner baren Auslagen verlangen, Verf. des Kammergerichtspräsidenten vom 15. Nov. 1898 bei Schulz A. 2 zu § 44 GKG. alter Fassung; a. M. Beushausen S. 172.

6 Auch der Notar kann wegen unrichtiger Wertangabe zu gering bemessene Gebühren innerhalb der in Abs. 7 bestimmten Verjährungsfrist nachfordern, A. 1 zu § 19 GKG. Warum Beushausen S. 174 die Vorschrift des Satz 3 Abs. 5 des § 42 GKG. auf Notare nicht für anwendbar erklären will, vermag ich nicht einzusehen.

7 Gemäß § 26 Nr. 1 und 2 GO. ist Vereinbarung über die Gebühren zulässig.

GKG. § 43.

Familienstiftungen.

Für die Errichtung von Familienstiftungen und Familienschlüssen wird das Zweifache der vollen Gebühr erhoben.

1 Vgl. § 80 BGB., Art. 1 bis 4 PrAG. z. BGB. Für die Einreichung der Stiftungsurkunde durch den Notar zur Genehmigung steht ihm, wenn er die Stiftungsurkunde errichtet hat, eine Gebühr in der Regel nicht zu, vgl. § 10 GO. Wird eine Familienstiftung durch Verfügung von Todes wegen errichtet, so kommt nicht § 43, sondern § 42 GKG. zur Anwendung. — Der Wert der Stiftung richtet sich nach dem Werte des gestifteten Vermögens ohne Abzug der Schulden. Auch zukünftiger Zuwachs des Vermögens, der nach der Stiftungsurkunde einzutreten hat, ist mit einzu-

rechnen, Mügel A. 2, a. M. Schulz A. 2 zu § 43 GKG. alter Fassung. Familienfideikommisse können nach der Verordnung vom 30. Dez. 1920 (GS. 1921, 17) nicht mehr errichtet werden.

2 Vereinbarungsfreiheit, § 26 Nr. 1 und 2 GO.

GKG. § 44.

Freiwillige Versteigerungen.

(1) Bei freiwilligen Versteigerungen zum Zwecke des Verkaufs oder der Verpachtung von Grundstücken oder anderen Gegenständen, welche der Zwangsvollstreckung in das unbewegliche Vermögen unterliegen, werden erhoben:

1. für die Vorbereitung der Versteigerung fünf Zehnteile der vollen Gebühr;
2. für die Aufnahme einer gerichtlichen Schätzung fünf Zehnteile der vollen Gebühr;
3. für die Abhaltung eines jeden Versteigerungstermins die volle Gebühr;
4. für die Beurkundung des Zuschlags die volle Gebühr.

(2) Die Gebühr für die Vorbereitung der Versteigerung wird auch für die gerichtliche Verfügung erhoben, durch welche nach Artikel 112 des Preußischen Gesetzes über die freiwillige Gerichtsbarkeit die Versteigerung einer Ortsbehörde aufgetragen wird.

(3) Der Versteigerungstermin gilt als abgehalten, wenn in demselben zur Abgabe von Geboten aufgefordert worden ist.

(4) Werden mehrere Grundstücke oder andere Gegenstände, welche der Zwangsvollstreckung in das unbewegliche Vermögen unterliegen, in demselben Verfahren versteigert, so sind die Gebühren nach dem zusammenzurechnenden Werte der mehreren Gegenstände des Verfahrens zu berechnen. Die Gebühr für die Beurkundung des Zuschlags wird jedoch für jeden Ersteher besonders nach dem zusammenzurechnenden Betrage seiner Gebote erhoben.

(5) Finden mehrere Versteigerungstermine statt, so wird die Gebühr für jeden Termin nach dem zusammenzurechnenden Werte der in ihm ausgebotenen Gegenstände besonders berechnet.

(6) Schuldner der Kosten für die Zuschlagserteilung ist der Ersteher; im übrigen finden auf die Zahlungspflicht die allgemeinen Bestimmungen Anwendung.

(7) Für die nach Maßgabe der Versteigerungsbedingungen erfolgende Sicherung des Erlöses, insbesondere durch Stellung eines Bürgen, wird eine besondere Gebühr nicht in Ansatz gebracht. Das-

selbe gilt für die Abtretung der Steigpreise, die Erklärung, für einen Dritten geboten zu haben, und den Beitritt des Dritten zu dieser Erklärung, wenn diese Rechtshandlungen in dem Versteigerungsprotokoll oder in einer besonderen Urkunde, die auf Grund eines in den Versteigerungsbedingungen enthaltenen Vorbehalts aufgenommen wird, beurkundet werden.

1 Eine Versteigerung im Sinne des § 44 GKG. liegt nur vor, wenn ein Termin zur Abgabe von Geboten und zur Erteilung des Zuschlags abgehalten wird; ein Submissionsverfahren, in dem bloß schriftliche Gebote abgegeben werden, fällt nicht unter § 44 GKG., Siméon A. 2 zu § 46 GKG. alter Fassung. Der Notar ist nach Art. 31, 33 FGG. zuständig. Für Notare, die ihren Amtssitz in Ostfriesland und Harlingerland sowie im Regierungsbezirk Osnabrück haben, Art. 89 Abs. 2 PrFGG., gilt, sofern sie die persönliche Haftung für die von ihnen zu erhebenden Kauf- und Pachtgelder übernehmen, an Stelle des § 44 GKG. § 19 Abs. 1 Nr. 2 und 3, Abs. 2 GO.

2 Die §§ 864, 865 ZPO., § 1017 BGB., Art. 40 PrAG. z. BGB. bezeichnen die der Zwangsvollstreckung in das unbewegliche Vermögen unterliegenden Gegenstände. Es sind dies Grundstücke, Gerechtigkeiten, die den Grundstücken gleichstehen, und die im Schiffsregister eingetragenen Schiffe. Bei Früchten auf dem Halme, Holz auf dem Stamme gilt § 45 GKG.

3 Dauert eine Versteigerung mehrere Tage, so ist Abs. 5 dieses Paragraphen anwendbar, KB. für 1910 GKG. 20. Finden mehrere Termine an einem Tage statt, so werden sie in der Regel als ein Termin anzusehen sein. Nur wenn besondere Umstände, z. B. das ausdrückliche Verlangen der Beteiligten, dies rechtfertigen, wird der Notar für mehrere Termine liquidieren können, ebenso Schulz A. 9, a. M. Mügel A. 6 zu § 46 GKG. alter Fassung.

4 Da der Satz 2 des Abs. 1 § 3 GO. fortgefallen ist, so ist jetzt für jede einzelne Gebühr mindestens der Mindestsatz von 2 ℳ in Ansatz zu bringen. Der § 39 Abs. 2 GKG. letzter Satz kann, da es sich nicht um die Beurkundung von Rechtsgeschäften handelt, keine Anwendung finden, a. M. Beushausen S. 178.

5 Abs. 2 und 6 kommen für Notare nicht in Betracht. Für die Pflicht zur Zahlung der Kosten kommen die allgemeinen Regeln zur Anwendung, A. 3 zu § 1 GO.

6 Für alle im Abs. 7 aufgeführten Geschäfte kann im Gegensatze zu der für das frühere Recht ergangenen Entscheidung des KG. 27 B 19 nichts mehr liquidiert werden.

GKG. § 45.

(1) Für die Versteigerung von beweglichen Sachen, von Früchten auf dem Halme und von Holz auf dem Stamme, sowie von Forderungen oder sonstigen Vermögensrechten werden nach dem zusammenzurechnenden Werte der Gegenstände fünf Zehnteile der vollen Gebühr erhoben.

(2) Aus dem an das Gericht bezahlten Erlöse sind die Kosten vorweg zu entnehmen.

1 Es gilt für die Versteigerungen gemäß § 45 GKG. das in A. 1 zu § 44 GKG. Gesagte. Jedoch ist die Gebühr hier eine ungeteilte Einheitsgebühr. Sie ist fällig, sobald das Ausgebot erfolgt ist. Ob der Zuschlag erteilt ist, ist gleichgültig, Mügel A. 1, a. M. Schulz A. 2 zu § 47 GKG. alter Fassung. Der Paragraph findet auch für die Versteigerung von Miet- und Pachtverträgen, insbesondere von Jagdpachtverträgen, Anwendung, ebenso von Anteilsrechten an einer ungeteilten Erbschaft, einer Gesellschaft m. b. H., einer Gemeinschaft sowie aller Vermögensrechte, auf die nicht der § 44 GKG. Anwendung findet.

2 Neben den Gebühren des § 45 GKG. erhält der Notar gegebenenfalls für Empfang, Verwahrung und Auszahlung des Erlöses die Gebühr aus § 14 GO., a. M. Mügel A. 2 zu § 47 GKG. alter Fassung.

3 Nach der ausdrücklichen Bestimmung des § 51 GKG. ist im Falle des § 45 GKG. die im § 51 GKG. bestimmte Zusatzgebühr nicht zu erheben.

4 Für den Notar gilt der Abs. 2 nicht.

GKG. § 46.

Verlosungen, Versammlungen.

(1) Das Zweifache der vollen Gebühr wird erhoben für die Beurkundung des Herganges bei Verlosungen, bei Auslosung oder Vernichtung von Wertpapieren und bei Wahlversammlungen, ingleichen für die Beurkundung der Beschlüsse der Generalversammlungen, Aufsichtsräte oder sonstigen Organe von Aktiengesellschaften oder anderen Vereinigungen.

(2) Der Wert des Gegenstandes ist, soweit ein bestimmter Geldwert nicht erhellt, zu 20000 Goldmark, ausnahmsweise niedriger oder höher, jedoch nicht unter 500 Goldmark, anzunehmen.

(3) Werden gleichzeitig mehrere Beschlüsse beurkundet, für deren Gegenstände ein bestimmter Geldwert nicht erhellt, so ist für alle Beschlüsse zusammen nur ein Wertbetrag nach Maßgabe der

vorstehenden Bestimmungen in Ansatz zu bringen. Werden in Verbindung damit Beschlüsse beurkundet, für deren Gegenstände ein bestimmter Geldwert erhellt, so ist der zusammenzurechnende Geldwert dieser Beschlüsse zu dem für die anderen Beschlüsse ermittelten Werte hinzuzurechnen. Erfolgt die Auslosung und Vernichtung von Wertpapieren in einer Verhandlung, so ist die Gebühr nur einmal zu erheben.

(4) Für das Einzählen von Losen werden neben der Gebühr des Abs. 1 fünf Zehnteile der vollen Gebühr erhoben. Für die Bestimmung des Wertes ist die Bestimmung im Abs. 2 maßgebend.

Dritte Verordnung zur Durchführung der Verordnung über Goldbilanzen.

Vom 27. August 1924 (RGBl. I S. 693).

Auf Grund des § 20 der Verordnung über Goldbilanzen vom 28. Dezember 1923 (RGBl. I 1253) verordnet die Reichsregierung:

§ 1.

(1) Bei der Berechnung der Gebühren für die Beurkundung von Beschlüssen der Generalversammlung (Gesellschafterversammlung) über die Umstellung, für die Eintragung solcher Beschlüsse in das Handelsregister und für die Beurkundung der Anmeldung zur Eintragung gilt als Wert des Gegenstandes:

1. wenn das auf Goldmark umgestellte Eigenkapital nicht mehr als 20 000 Goldmark beträgt,

der Betrag des auf Goldmark umgestellten Eigenkapitals;

2. wenn das auf Goldmark umgestellte Eigenkapital mehr als 20 000 Goldmark, aber nicht über 100 000 Goldmark beträgt,

20 000 Goldmark zuzüglich 50 v. H. des 20 000 Goldmark übersteigenden Betrags;

3. wenn das auf Goldmark umgestellte Eigenkapital mehr als 100 000 Goldmark, aber nicht über eine Million Goldmark beträgt,

der nach Ziffer 2 errechnete Betrag zuzüglich 30 v. H. des 100 000 Goldmark übersteigenden Betrags;

4. wenn das auf Goldmark umgestellte Eigenkapital mehr als eine Million Goldmark beträgt,

der nach Ziffer 3 errechnete Betrag zuzüglich 20 v. H. des eine Million Goldmark übersteigenden Betrags mit der Maßgabe, daß der Berechnung der Notariats- und Gerichtsgebühren kein höherer Wert als eine Million Goldmark zugrunde gelegt werden darf.

(2) Bei der Bemessung des Betrags des auf Goldmark umgestellten Eigenkapitals wird ein etwa bestehendes Kapitalentwertungskonto in Abzug gebracht.

§ 2.

Im Falle einer Kapitalherabsetzung zum Zwecke des Ausgleichs eines Kapitalentwertungskontos finden die Vorschriften des § 1 entsprechende Anwendung

§ 3.

Diese Verordnung tritt mit dem Tage der Verkündung in Kraft. Sie findet auch auf solche Beurkundungen und Eintragungen der im § 1 bezeichneten Art Anwendung, die vor ihrer Verkündung vorgenommen sind.

Berlin, den 27. August 1924.

Der Reichsminister der Justiz.
J. V.: Dr. Joël.

1 Der Notar erhält jetzt nach Abs. 4, wenn er die Gebühr des Abs. 1 erhält, für das Einzählen der Lose eine besondere Gebühr von $^5/_{10}$. Erhält er nicht die Gebühr nach Abs. 1, so erhält er für das Einzählen, falls er darüber keine Beurkundung vornimmt, $^5/_{10}$ gemäß § 16 GO., und wenn er eine Beurkundung vornimmt, $^{10}/_{10}$ gemäß § 47 Nr. 1 GKG. Der Wert ist, falls nach Abs. 4 liquidiert wird, derselbe wie der für die Verlosung gemäß Abs. 2 in Betracht kommende, andernfalls nach § 22 GKG. zu bestimmen. Die früheren Entscheidungen sind veraltet. — Für die Auslosung und Vernichtung von Wertpapieren wird die Gebühr nur einmal nach dem Werte der Wertpapiere und, wenn es sich bei der Auslosung und Vernichtung um verschiedene Wertpapiere handelt, nach deren zusammengerechnetem Werte erhoben, Abs. 3 des Paragraphen, letzter Satz. Die Entscheidungen des KG. 39 B 30, OLG. 21, 152 sind veraltet, Mügel A. 14 zu § 48 GKG. alter Fassung. Der § 46 GKG. findet auch bei der Beurkundung einer Verteilung durch das Los Anwendung, KG. in Zeitschr. f. Deutsche Justizsekretäre, Beilage für Preußen 14, 73. Bei der Vernichtung von Wertpapieren entscheidet der Wert, wenn sie bei der Vernichtung unversehrt waren; sind sie bereits kassiert, z. B. durchlocht, so ist ihr Wert nach freiem Ermessen — regelmäßig auf 20 000 ℳ — anzunehmen. Die Gebühren für die Verlosung, Auslosung und Vernichtung von Wertpapieren sind besonders anzusetzen, auch wenn der Hergang zusammen mit Beschlüssen einer Generalversammlung usw. beurkundet wird, KG. v. 4. Jan. 1897 — Y 561/96 — und 1. Juni 1898 — Y 286/98 — bei Schulz A. 3 zu § 48 GKG. alter Fassung. Wenn auch dieselbe Verlosung mehrere Tage dauert, so steht doch dem Notar die Gebühr nur einmal zu, KG. 17, 247.

2 Für Verlosung von Rentenbriefen, § 47 des Ges. v. 2. März 1850, GS. S. 112, findet nicht § 46 GKG., sondern § 16 GO. Anwendung, weil der Notar nicht beurkundet, Mügel A. 11 zu § 48 GKG. alter Fassung; vgl. auch Meyer in DNV. 1916 S. 539 ff. Vereinbarungsfreiheit ist gemäß § 26 Nr. 4 und 5 GO. gegeben.

3 Es kann dahingestellt bleiben, ob die Gesellschafterbeschlüsse Rechtsgeschäfte sind oder nicht. Ihre Beurkundung ist jedenfalls keine Beurkundung von Rechtsgeschäften, sondern eine solche von Tatsachen, weil der Notar nur seine Wahrnehmungen beurkundet, KG. 17, 215; 39 B 32. Hat der Notar Anträge für die Beschlüsse der Versammlung vor dieser Versammlung entworfen, so kann er hierfür gemäß § 16 GO. besonders liquidieren, KG. 43, 264. Werden neben der Protokollierung des Vorganges der Generalversammlung noch besondere Rechtsgeschäfte beurkundet, z. B. die Übernahme von Anteilen des erhöhten Stammkapitals einer G. m. b. H., so kann hier neben der Gebühr des § 46 GKG. für diese Übernahmeerklärungen nach deren zusammenzurechnenden Werten besonders gemäß § 33 GKG. liquidiert werden, RhNV. in DNV. 1914, 205 und 1916, 263. Dauert die Versammlung mehrere Tage, so ist trotzdem die Gebühr nur einmal zu nehmen, sobald es sich um dieselbe, nur vertagte Versammlung handelt, Mügel A. 7; a. M. Schulz A. 1 zu § 48 GKG. alter Fassung. — In Betracht kommen für die Anwendung des § 46 GKG. die §§ 258, 259, 320 Abs. 3 HGB., § 9 Reichsges., betr. d. gemeins. Rechte d. Bes. v. Schuldverschreib., v. 4. Dez. 1899. Hierher gehören noch die Wahlversammlungen und Beschlüsse von Versammlungen der Gewerkschaften, Gesellschaften mit beschränkter Haftung, eingetragener und nicht eingetragener Vereine, Hilfskassen, Stiftungen, überhaupt alle Beschlüsse und Wahlversammlungen von Körperschaften, Gesellschaften und von Instituten, die diesen beiden ähnlich sind.

4 Der Wert beträgt, sobald ein bestimmter Geldwert nicht erhellt, hier regelmäßig 20 000 ℳ. Dieser Satz ist jedoch nicht schematisch anzuwenden. Der Wert ist — höher oder niedriger — unter Berücksichtigung aller Umstände anzusetzen. Es sind vor allem die Wichtigkeit des Beschlusses und die Vermögensinteressen, um die es sich handelt, zu berücksichtigen. Die in dem Beschlusse des KG. 52, 282 vorgetragenen Gründe müssen auch hier gelten. Neben dem besonders hohen oder niedrigen Stammkapital kommen noch die besonders große Wichtigkeit oder die Menge der Beschlüsse einerseits und ihre Unwichtigkeit anderseits in Betracht. Wahlen sind ebenso wie Beschlüsse zu behandeln. Eine Abstufung nach bestimmten Prozenten oder Skalen ist durch das Gesetz ausgeschlossen. Es gilt hier alles in A. 1 zu § 22 GKG. und A. 2 zu § 38 GKG. Gesagte.

5 a) Ein bestimmter Geldwert erhellt nicht bei Beschlüssen über Entlastung des Vorstands und Aufsichtsrats, bei der Wahl von Vorstands-

und Aufsichtsratsmitgliedern, Rechnungsprüfern oder Liquidatoren, KG. 31 B 17, JMBl. 1912, 67, KG. 42, 302, der Genehmigung der Bilanz, der Auflösung der Gesellschaft, KG. 31 B 17, der Änderung der Firma, KG. in DNV. 1912, 358, und bei sonstigen Statutenänderungen mit Ausnahme derjenigen über Erhöhung und Herabsetzung des Stammkapitals, KG. v. 4. Jan. 1897 — Y 561/96 — und 26. März 1900 — Y 163/00 — bei Schulz A. 8 zu § 48 GKG. alter Fassung, bei Beschlüssen über Deckung des Verlustes aus den Reservefonds, Umwandlung einer Kommanditgesellschaft auf Aktien in eine Aktiengesellschaft, bei Beschlüssen, durch die ein Antrag abgelehnt wird, Mügel A. 4 zu § 48 GKG. alter Fassung. Es gehören ferner hierher die Wahl eines Vertreters zur Führung eines Prozesses, Beschlüsse über Kündigung von Versicherungsverträgen, Taxaufnahmen, Schulz A. 8 zu § 48 GKG. alter Fassung.

b) Dagegen erhellt ein bestimmter Geldwert und ist der Liquidation zugrunde zu legen bei Beschlüssen über Verteilung des Reingewinns, nämlich der Betrag des Reingewinns, KG. 17, 210; OLG. 7, 440. Dieser ist für die Wertfestsetzung gleich dem gesamten Betrage, über den in der Generalversammlung Beschluß gefaßt wird. Es sind also von dem Bruttogewinn alle diejenigen einzelnen Beträge nicht abzuziehen, deren Verteilung durch die Generalversammlung erst angeordnet oder auch nur genehmigt wird, seien dies ordentliche oder nichtordentliche Zuwendungen an ordentliche oder nichtordentliche Reservefonds, ordentliche oder nichtordentliche Abschreibungen oder Rücklagen oder Tantiemen oder Übertragungen auf das nächste Jahr. Abzuziehen sind dagegen alle diejenigen Beträge, deren Verwendung sich ohne weiteres aus dem Gesetze oder dem Gesellschaftsvertrage ergibt, wie Handlungsunkosten, Zinsen, Betriebsverlust und laufende Abschreibungen, nach dem Gesellschaftsvertrage zu zahlende Tantiemen, gesetzliche oder durch den Gesellschaftsvertrag bestimmte Rücklagen. Beschlüsse über die Verteilung eines sogenannten Sanierungsgewinns haben einen bestimmten Geldwert, und zwar den der Summe des Sanierungsgewinns, über die Beschluß gefaßt werden soll. Beschluß braucht aber nur gefaßt zu werden, soweit sich die Verteilung nicht ohne weiteres aus Gesetz und Satzung ergibt. Letzteres ist der Fall, soweit die Handlungsunkosten, die Zinsen, der Betriebsverlust und die laufenden Abschreibungen zu decken waren, KG. 49, 287. Nicht richtig erscheint mir die Meinung des FrNV. in DNV. 1914, 286, nach der der Gegenstandswert des Beschlusses über die Gewinnverteilung stets in der Höhe des Jahresgewinnes bestehen soll, der sich nach Abzug der allgemeinen Geschäftsunkosten, aber vor Abzug der vorzunehmenden, von der Generalversammlung ausdrücklich genehmigten, aus der Bilanz ersichtlichen Abschreibungen und Rücklagen, sowie der zu gewährenden Tantiemen usw. ergibt. — Einen bestimmten Wert haben ferner die Beschlüsse über Genehmigung von Verträgen, wenn diese Verträge einen bestimmten Wert haben, und zwar dann den Wert des Vertrags, KG. v. 1. Juni 1898 — Y 286/98 — und 13. Aug. 1900 — Y 170/00 — bei Schulz A. 9 zu § 48 GKG. alter Fassung. Bei den Beschlüssen über die Genehmigung der Übertragung von Aktien ist der Wert derjenige des Nominalbetrags der Aktien, Bl. f. Rechtspfl. 97, 110, bei solchen behufs Erteilung einer Vollmacht der Wert dieser Vollmacht, KG. v. 13. Aug. 1900 — Y 170/00 — bei Schulz A. 9 zu § 48 GKG. alter Fassung. Der Wert des Beschlusses über Erhöhung und Herabsetzung des Grundkapitals ist die Summe, um die das Grundkapital erhöht oder herabgesetzt wird, KG. 22 B 26 und in DNV. 1905, 310. Bei Feststellung des Etats ist die Schlußsumme des Etats Gegenstandswert, KG. 17, 215. Ebenso erhellt meiner Meinung nach ein bestimmter Geldwert bei der Verlosung von Gegenständen, bei Auslosung und Vernichtung von Wertpapieren. Es entscheidet im ersten Falle der Wert des zu verlosenden Gegenstands, im letzten Falle, bei Auslosung und Vernichtung von Wertpapieren, der Wert der auszulosenden und zu vernichtenden Wertpapiere (vgl. § 21 Nr. 8 GKG.), obwohl die frühere ausdrückliche Bestimmung des Gesetzes in Satz 1 Abs. 2 des § 48 GKG. im ursprünglichen Gesetze vom 25. Juni 1895 fortgefallen ist. Einen besonderen Wert hat auch die Aufstellung der Goldbilanz. Für diese ist in der oben abgedruckten dritten Verordnung über Goldbilanzen vom 27. Aug. 1924 eine besondere Regelung getroffen.

6 Zusammenrechnung. Für mehrere Beschlüsse ohne Geldwert darf der Wertbetrag von 20000 ℳ resp. der niedrigere oder höhere der Liquidation nur einmal zugrunde gelegt werden. Es gilt der Grundsatz der Einheit der Gebühr. Eine Urkunde, eine Gebühr. Dieser Grundsatz gilt auch, wenn Beschlüsse ganz verschiedener Personen oder ganz verschiedener Körperschaften der Gesellschaft, z. B. des Aufsichtsrats und der Generalversammlung, beurkundet werden, KG. 42, 302 und JMBl. 1912, 71; nach RhNV. in DNV. 1914, 204, 1916, 262 soll dieser Grundsatz nicht gelten, wenn Beschlüsse von Organen verschiedener Gesellschaften beurkundet werden; ich halte dies nicht für richtig, der allgemeine Grundsatz greift durch. Dies entspricht auch den im KG. 42, 302 enthaltenen Ausführungen.

Kommen Beschlüsse, bei denen ein Geldwert erhellt, mit solchen ohne Geldwert zusammen, so wird der Wert sämtlicher Beschlüsse mit Geldwert zusammengerechnet und dem für die anderen Beschlüsse ermittelten Geldwerte hinzugerechnet. Kommen nur Beschlüsse mit Geldwert zusammen, so enthält das Gesetz keine ausdrückliche Bestimmung. Nach der ratio legis müssen aber auch hier die Werte zusammengerechnet werden, Mügel A. 5 zu § 48 GKG. alter Fassung.

Beispiel: Beschlüsse über Genehmigung des Rechnungsabschlusses und der Bilanz, Entlastungserteilung an Vorstand und Aufsichtsrat, Wahl von Aufsichtsratsmitgliedern, Wert zusammen 20 000 Goldmark, Gewinnverteilung von 200 000 Goldmark, Wert 200 000 Goldmark. Erhöhung des Grundkapitals um 500 000 Goldmark, Wert 500 000 Goldmark. Sämtliche Werte werden zusammengerechnet und ergeben einen Gesamtwert von 720 000 Goldmark. Die zweifache Gebühr beträgt in diesem Falle 1808 Goldmark.

7 Für bloße Berichte ist eine besondere Gebühr nicht in Ansatz zu bringen, OLG. 7, 440 und KG. 42, 302 und in JMBl. 1912, 68. Werden also in einer Versammlung überhaupt keine Beschlüsse gefaßt, so ist nicht gemäß § 46, sondern gemäß § 47 Nr. 1 GKG. die einfache Gebühr zu liquidieren und der Wert nicht gemäß § 46, sondern gemäß § 22 Abs. 2 GKG. anzunehmen.

8 Es gibt keine Höchstsumme für die Gebühren mehr (Verordnung v. 18. Dez. 1923), sondern nur die Mindestsumme von 500 Goldmark. Neben der Hauptgebühr können noch die Nebengebühren, wie die Wegegebühr des § 51 GKG. und die Gebühr des § 6 GO., in Ansatz gebracht werden.

9 Die Bestimmungen des § 46 GKG. gelten nicht für die Anmeldungen der Beschlüsse zu den Registern. Für diese finden die übrigen Bestimmungen des GKG. Anwendung, A. 2 zu § 22 GKG. und A. 6 zu § 38 GKG.; KG. in DNV. 1912, 358.

10 Vereinbarungsfreiheit s. § 26 Nr. 1, 2 und 4 GO.

GKG. § 47.

Beurkundung von Tatsachen.

Die volle Gebühr wird erhoben:

1. für die Erteilung von Bescheinigungen über Tatsachen oder Verhältnisse, welche urkundlich nachgewiesen oder offenkundig sind;
2. für die Abnahme von Eiden und eidesstattlichen Versicherungen und für die Vernehmung von Zeugen und Sachverständigen, soweit diese Geschäfte nicht einen Teil eines anderen Verfahrens bilden; treten in dem Verfahren auf Erteilung eines Erbscheins einzelne Erben der bereits von anderen abgegebenen Versicherung bei, so ist die Gebühr für die Aufnahme ihrer eidesstattlichen Versicherung von ihrem Anteil an dem Nachlasse zu berechnen. Werden die eidesstattlichen Versicherungen zur Erlangung der Zeugnisse über die Fortsetzung der Gütergemeinschaft oder die Ernennung eines Testamentsvollstreckers abgegeben, so gelten die Wertberechnungsvorschriften des § 78 Abs. 7 sinngemäß;

3. für die Mitwirkung bei Abmarkungen;
4. für die Aufnahme von Verklarungen, von Protesten und ähnlichen Urkunden;
5. für die Aufnahme von Schätzungen.

1 In Beziehung auf Bescheinigungen über Tatsachen und Verhältnisse s. Art. 31, 53 ff. PrFGG. Hierher gehören die sogenannten Lebensatteste, Bescheinigungen über die Identität einer Person, die Bescheinigung des Notars, der einen Ehevertrag aufgenommen hat, über die vor einem anderen Notar aufgenommenen Abänderungen des Ehevertrags, OLG. 9, 219, die Bescheinigungen gemäß § 9 des Gesetzes über die Feuerbestattung v. 14. Sept. 1911, Mügel A. 1 zu § 49 GKG. alter Fassung, Jastrow in DNV. 13, 284, die Bescheinigung über Hinterlegung von Aktien gemäß § 255 Abs. 2 HGB., KG. in NZ. 1907, 122 und DNZ. 1907, 714, Mügel A. 1 zu § 49 GKG. alter Fassung. Der Wert der Bescheinigung regelt sich, sobald es sich um nicht vermögensrechtliche Angelegenheiten, z. B. Lebensatteste, Identitätszeugnisse, Feuerbestattungsanordnungen, handelt, nach § 22 Abs. 1 GKG.; anderenfalls ist er gemäß § 18 GKG. zu schätzen und evtl. gemäß § 22 Abs. 2 GKG. anzunehmen. Es ist gleichgültig, ob die Beurkundung in Form eines Protokolls oder eines Zeugnisses, Art. 55, 56 PrFGG., erfolgt.

2 Art. 34 Abs. 1 PrFGG. behandelt die Abnahme von Eiden durch Notare. Abnahme von eidesstattlichen Versicherungen heißt nicht mehr wie die Beurkundung eidesstattlicher Versicherungen. Die Bestimmung bezieht sich auf alle eidesstattlichen Versicherungen, nicht bloß auf diejenigen behufs Erteilung eines Erbscheins und ähnlicher Urkunden, KG. 43, 333 und in NZ. 1913, 202. Der Wert der eidesstattlichen Versicherung und der Eidesabnahme muß, falls eine Schätzung mangels tatsächlicher Unterlagen nicht möglich ist, gemäß § 22 Abs. 2 GKG. angenommen werden.

3 Eine Vernehmung von Zeugen und Sachverständigen findet z. B. im Falle des Art. 22 Abs. 2, 86 Satz 2 PrFGG. statt.

4 Unter die Bestimmung des § 47 Nr. 2 GKG. fällt auch die Aufnahme eidesstattlicher Versicherungen zum Zwecke der Erlangung eines Erbscheins, eines Zeugnisses über die Fortsetzung der Gütergemeinschaft und über die Ernennung eines Testamentsvollstreckers. Die Gebühr ist stets die volle Gebühr des § 33 GKG. Besorgt der Notar die Beschaffung der zur Erteilung des Erbscheins erforderlichen Urkunden, besorgt er die nötigen Informationen über die Erbfolge oder übernimmt er sonst irgendwelche vorbereitende Handlungen, z. B. den Schriftwechsel oder die Einladung einzelner Erben zur Abgabe der eidesstattlichen Versicherung, so kann er hierfür nach KG. 53, 323 Vergütung verlangen. Das Nähere s. A. 2 zu § 54 GKG. KG. 46, 310 ist danach veraltet. Die Vergütung beträgt $^{5}/_{10}$ der Gebühr des § 33 GKG. gemäß § 16 GO., ebenso RhNV. in DNV. 1914, 205, 1916, 263.

Werden mehrere eidesstattliche Versicherungen nach verschiedenen Erblassern beurkundet, so ist der Wert der einzelnen Versicherungen nicht zusammenzurechnen, KG. 16, 257; 26 B 38. Die Gebühr des § 51 GKG. kommt für jede Versicherung zur Anwendung, RhNV. in DNV. 1914, 204 und 1916, 262. Die Wertberechnung für eidesstattliche Versicherungen behufs Erlangung eines Erbscheins und ähnlicher Bescheinigungen ist folgende:

Regelfall: Wert des gesamten Nachlasses nach Abzug der Schulden, d. h. sämtlicher Nachlaßverbindlichkeiten, § 1967 BGB., KG. 25 B 42, Mügel A. 6 zu § 49 GKG. alter Fassung. Zu den Nachlaßverbindlichkeiten gehören in diesem Falle auch diejenigen aus Pflichtteilsrechten, KG. in BürBl. 1903, 196, Vermächtnissen und Auflagen, OLG. 7, 437, und die Kosten des Begräbnisses und des Grabdenkmals, KG. v. 7. Febr. 1898 — Y 36/98 — bei Schulz A. 7 zu § 81 GKG. alter Fassung, nicht aber die Erbschaftssteuer und die Kosten für Beschaffung der Trauerkleidung der Angehörigen, KG. in KGBl. 22, 74.

Ausnahmen: Späterer Beitritt einzelner Erben in besonderer Verhandlung. Wert ihres Anteils am Nachlasse unter Abzug der auf diesem Anteile lastenden Schulden, § 47 Nr. 2 Satz 2 GKG. — Abgabe der eidesstattlichen Versicherung zur Erlangung eines Erbscheins nur zur Verfügung über einzelne Gegenstände. Wert dieser Gegenstände nach Abzug der auf ihnen haftenden Schulden. Es kommt nur der Erbschein gemäß § 2369 BGB. in Betracht, vgl. auch KG. 18, 119. — Abgabe der eidesstattlichen Versicherung behufs Erteilung des Erbscheins über das Erbrecht eines Miterben. Wert des Erbteils des Miterben nach Abzug der auf diesen Teil entfallenden Schulden, § 78 Abs. 4 Satz 3 GKG., s. den Abdruck des § 78 GKG. hinter § 54 GKG.

Bei eidesstattlichen Versicherungen des märkischen Ehegatten ist, wenn der Überlebende die Herausnahme seines Vermögens oder die Erbfolge nach BGB. wählt, Wert der Nachlaß des Verstorbenen unter Abzug der auf diesem Nachlasse ruhenden Schulden; wenn er die statutarische Portion wählt, das gemeinschaftliche Vermögen beider Ehegatten unter Abzug der auf diesem gemeinschaftlichen Vermögen lastenden Schulden, KG. in DNV. 1914, 653.

Diese Bestimmungen kommen auch für eidesstattliche Versicherungen behufs Erlangung von Erbbescheinigungen nach altem Rechte zur Anwendung, § 27 GO.

Bei eidesstattlichen Versicherungen behufs Erlangung eines beschränkten Erbscheins gemäß § 78 Abs. 5 und 6 GKG. soll nach KG. 47,

294 sowie in NZ. 1917, 22 und nach RhNB. in DNB. 1914, 205 und 1916, 263 der gesamte Nachlaß nach Abzug der Schulden der Wert sein. Nachdem der Gesetzgeber die Anwendung des § 78 Abs. 7 GKG. in anderen Fällen gebilligt hat (s. weiter unten), ist er in diesem Falle augenscheinlich der Ansicht des KG. beigetreten.

Im Falle, daß die Gütergemeinschaft nicht fortgesetzt wird, ist Wert das Sondergut des Verstorbenen und die Hälfte des Gesamtguts, KG. in DNB. 1914, 653. Bei Versicherungen behufs Erlangung eines Zeugnisses für die Fortsetzung der Gütergemeinschaft ist der Wert der halbe Wert des Gesamtguts abzüglich der Hälfte der Schulden des Gesamtguts, § 78 Abs. 7 S. 2 GKG. So bestimmt jetzt das Gesetz ausdrücklich.

Bei den eidesstattlichen Versicherungen der Testamentsvollstrecker behufs Erlangung des Testamentsvollstreckerzeugnisses, für die gleichfalls die volle Gebühr des § 33 GKG. zu erheben ist, ist der Wert jetzt nach ausdrücklicher Bestimmung des Gesetzes gemäß § 22 Abs. 1 GKG. anzunehmen. Für die Versicherung mehrerer Testamentsvollstrecker in einer Urkunde kommt der Wert nur einmal zum Ansatz.

Auch die Zusatzgebühr des § 51 GKG. kommt zweifellos zur Hebung. Ferner kommt die Zusatzgebühr des § 53 GKG. analog zur Anwendung, s. A. 2 zu § 53 GKG.

Die Darlegung der Rechtsverhältnisse in der Urkunde, die Erklärung der Annahme der Erbschaft oder des Testamentsvollstreckeramts, die Erklärungen, die der märkische Ehegatte abzugeben hat, sowie die Aufnahme des Antrags auf Erteilung des Zeugnisses sind gebührenfreie Nebengeschäfte, KG. 16, 257; OLG. 7, 200; KG. 45, 369; denn der § 19 Abs. 2 GKG. (A. 2 dazu) muß auch hier angewendet werden.

5 Von Abmarkungen handeln Art. 31 Abs. 1 Satz 3 PrFGG., § 919 BGB.

6 Für die Aufnahme von Verklarungen ist der Notar nicht zuständig, § 524 HGB., § 11 BSchG.

7 Es sind hier die Proteste §§ 571, 588 Abs. 3, 596 Abs. 3, 646 Abs. 2, 689 Abs. 2 HGB., §§ 28 Abs. 3, 33 Abs. 1, 39 Abs. 3, 47 Abs. 3, 51 Abs. 1 BSchG. gemeint. Wert ist der Betrag des Anspruchs, zu dessen Erhaltung oder Abwendung der Protest eingelegt wird. Dieser ist zu schätzen und evtl. gemäß § 22 Abs. 2 GKG. anzunehmen, Mügel A. 11 zu § 49 GKG. alter Fassung. Für Wechselproteste gilt § 49 GKG.

8 Ähnliche Urkunden im Sinne der Nr. 4 des Paragraphen sind z. B. Zustellungsurkunden, Art. 31 Abs. 2 PrFGG., Wert § 22 GKG.

9 Wert für Schätzungen ist der Wert der geschätzten Gegenstände. Dieser Wert gilt auch für Beglaubigungen der Unterschriften unter solchen Schätzungen, KG. 39 B 32.

10 Werden mehrere der in diesem § 47 GKG. aufgeführten Geschäfte von dem Notar in einer Urkunde beurkundet, so findet eine Zusammenrechnung gemäß § 39 GKG. nicht statt.

Auch wenn derartige Geschäfte mit Geschäften, bei denen nach § 39 GKG. eine Zusammenrechnung vorgeschrieben ist, zusammen beurkundet werden, findet eine solche Zusammenrechnung nur bei den Geschäften statt, für die sie im § 39 GKG. vorgeschrieben ist. Auch bei Zeugnissen über sonstige verschiedene Tatsachen wird für die Beurkundung jeder einzelnen Tatsache besonders liquidiert, soweit nicht die eine Beurkundung als Nebengeschäft anzusehen ist.

GKG. § 48.

Vermögensverzeichnisse, Siegelungen, Entsiegelungen.

(1) Für die Aufnahme von Vermögensverzeichnissen oder die Vornahme von Siegelungen oder Entsiegelungen werden nach dem Werte der verzeichneten oder versiegelten Gegenstände fünf Zehnteile der vollen Gebühr erhoben.

(2) Nimmt das Geschäft einen Zeitaufwand von mehr als zwei Stunden in Anspruch, so erhöht sich die Gebühr für jede angefangene weitere Stunde, wenn das Geschäft von einem Richter vorgenommen wird, um 2 Goldmark, wenn es von einem Gerichtsschreiber vorgenommen wird, um 1 Goldmark.

(3) Für eine Siegelung mit darauffolgender Entsiegelung, einschließlich der Aufnahme eines Vermögensverzeichnisses, gelangt nur eine Gebühr nach dem Gesamtzeitaufwande zum Ansatze.

1 Die Gebühren sind zu erheben, sowohl wenn die Aufnahme im Auftrage des Gerichts, §§ 1640 Abs. 2, 1667 Abs. 2, 1692, 1760, 1802 Abs. 3 BGB., wie wenn sie im Auftrage eines Beteiligten, §§ 1035, 1372, 1493, 1528, 1550, 2121, 2215, 2314 Abs. 1 BGB., erfolgt. — Der Paragraph spricht nur von der Aufnahme von Vermögensverzeichnissen. Er muß aber auch, wenn der Notar nur bei der Inventarerrichtung mitwirkt und darüber ein Zeugnis ausstellt, §§ 2002 und 2121 Abs. 2 BGB., § 123 KO., zur Anwendung kommen. Vgl. auch die Art. 31 Abs. 1, 38 Abs. 2 PrFGG.

2 Über Siegelungen und Entsiegelungen s. Art. 87 PrFGG., § 74 FGG., § 122 KO.

3 Der Wert ist jetzt durch das Gesetz genau bestimmt. Es ist stets der Wert der verzeichneten und versiegelten Gegenstände, evtl., was nicht im Gesetze steht, aber ergänzt werden muß, der Wert der entsiegelten Gegenstände. Bei der Aufnahme des Vermögensverzeichnisses gehören nicht

zu den Vermögensstücken die einzuwerfenden Ausstattungen und die Schenkungen des Erblassers, KG. in DNB. 1914, 639.

4 Nimmt das Geschäft mehr als zwei Stunden in Anspruch, so tritt die Erhöhung der Gebühr gemäß Abs. 2 des Paragraphen von dem ganzen Werte des gesamten Vermögensverzeichnisses ein, nicht etwa bei zwei Wohnungen getrennt nach den in der einen oder anderen Wohnung befindlichen Gegenständen, KG. in DNB. 1914, 639. Es kommt nicht nur auf die Zeit an, die das Geschäft an Ort und Stelle erfordert hat, sondern auch auf diejenige Zeit, die zur Vorbereitung des Geschäfts durch Korrespondenz, Feststellung der Forderungen für die spätere geschäftliche Erledigung erforderlich gewesen ist. Sogar die Tätigkeit, die das Bureau des Notars bei dieser Erledigung geleistet hat, wird mitgerechnet, KG. in NZ. 1916, 218. Auch die Zeit der Reise wird meiner Meinung nach hinzugerechnet werden dürfen; a. M. Schulz A. 4 zu § 50 GKG. alter Fassung.

5 Hat der Notar für die Siegelung bereits Gebühren bekommen, so kann er für die spätere Entsiegelung sowie für die Aufnahme eines Vermögensverzeichnisses nur die Mehrgebühren verlangen, die gemäß Abs. 2 des § 48 GKG. durch den größeren Zeitaufwand entstehen. Wird die Entsiegelung aber einem anderen Notar als demjenigen übertragen, welcher die Siegelung vorgenommen hat, so kann dieser andere Notar die volle Gebühr von neuem verlangen.

Für eine gleichzeitige Siegelung und Inventarerrichtung durch denselben Notar kommt die Gebühr nur einmal zum Ansatze.

GKG. § 49.

Wechselproteste.

(1) Für die Aufnahme von Wechselprotesten, einschließlich einer etwaigen Interventionserklärung, wird die volle Gebühr erhoben. Neben der Protestgebühr wird für jeden Weg, welchen der Richter behufs Vorlegung des Wechsels oder behufs Nachsuchung der Wohnung bei der Polizeibehörde unternimmt, je ein Zehntel der vollen Gebühr, mindestens aber 1,50 Goldmark erhoben.

(2) Findet die Aufnahme des Wechselprotestes durch einen Gerichtsschreiber statt, so werden fünf Zehnteile der vollen Gebühr erhoben. Neben dieser Gebühr wird auch für jeden Weg die in Abs. 1 bestimmte Wegegebühr, mindestens aber 1 Goldmark erhoben.

(3) Die Protestgebühr ist auch zu entrichten, wenn ohne Aufnahme des Protestes die Wechselzahlung an den Protestbeamten erfolgt oder ihm nachgewiesen wird.

(4) Die Protestgebühr erhöht sich, wenn der Wechsel Notadressen enthält, für jede Notadresse um zwei Zehnteile, und wenn der Wechsel in fremder Sprache abgefaßt ist, um fünf Zehnteile.

(5) Auf die Wegegebühren werden die den Gerichtspersonen zustehenden Tagegelder und Reisekosten angerechnet. Dieselben sind auch dann zu erheben, wenn der Auftrag zur Protesterhebung nach Antritt des Weges seine Erledigung gefunden hat.

(6) Die vorstehenden Bestimmungen finden auf die Aufnahme von Scheckprotesten entsprechende Anwendung.

1 Für die Protesthandlung und deren Beurkundung s. Art. 87 bis 90 der Wechselordnung nach dem Gesetze vom 30. Mai 1908 und Rausnitz, der Protest. 2. Aufl. Der Wert ist der Betrag der Wechselforderung ohne Zinsen und Kosten, § 19 GKG.

2 Der Notar erhält in allen Fällen die volle Gebühr der §§ 32, 33 GKG. nach dem Betrage der Wechselforderung ohne Zinsen und Kosten, bei einem Restbetrage des Wechsels nach der Höhe dieses Restbetrags. Eine Berechnung nach dem Tarife für Gerichtsschreiber findet nicht statt. Der Abs. 2 des Paragraphen findet daher auf Notare keine Anwendung.

Die Protestgebühr erhöht sich jetzt für jede Notadresse, bei der protestiert wird, um $^{2}/_{10}$ der vollen Gebühr und, wenn der Wechsel in fremder Sprache abgefaßt ist, um $^{5}/_{10}$ derselben. Wechsel mit zwei Notadressen $^{14}/_{10}$ der vollen Gebühr, Wechsel mit einer Notadresse in fremder Sprache $^{17}/_{10}$ der vollen Gebühr. Der Mindestsatz von 2 Goldmark kommt erst zur Anwendung, wenn die Gesamtgebühr ihn nicht erreicht.

3 Der Notar erhält grundsätzlich, wenn Zahlung an ihn erfolgt oder auch bloß nachgewiesen wird und er infolgedessen keinen Protest aufnimmt (s. Rausnitz, Der Protest, S. 10) die Gebühr der §§ 32, 33 GKG. Er muß aber die Gelderhebungsgebühr auf die Protestgebühr anrechnen, § 14 Abs. 6 GO., so daß er regelmäßig nur die höhere der beiden Gebühren erhält.

Beispiel: a) Protest eines Wechsels von 1000 ℳ, der Schuldner zahlt an den Notar 1000 ℳ, der Protest wird nicht erhoben. Gebühr gemäß §§ 32, 33 GKG. 8 Goldmark. Gelderhebungsgebühr gemäß § 14 GO. 20 Goldmark. Der Notar erhält danach im ganzen 20 Goldmark.

b) Protest über 75 Goldmark, Protestgebühr 3 Goldmark, Gelderhebungsgebühr 1 Goldmark 60 Pf. Der Notar erhält hier 3 Goldmark.

4 Die Wegegebühr wird stets neben der Protestgebühr erhoben. Eine Anrechnung auf die Protestgebühr zum Zwecke der Erreichung der Mindestgebühr ist ausgeschlossen. Die Entsch. KG. 18, 178, 29 B 22 sind veraltet. Der Notar erhält neben der Mindestgebühr von 2 Goldmark noch stets die vollen Wegegebühren, also für jeden Weg mindestens 1,50 Goldmark,

KG. 41, 326, zusammen mindestens 3,50 Goldmark. Der Weg zur Revierpolizei gilt als Weg, § 49 Abs. 1 Satz 2 GKG. Besorgt der Notar einen Weg im Orte und einen außerhalb desselben, so erhält er für den ersten die Wegegebühr, für den zweiten Reisekosten. Diese Reisekosten werden nicht auf die Wegegebühr für den anderen Weg angerechnet, KG. in OLG. 13, 301. Reisekosten werden erst gewährt, wenn das Geschäft in einer Entfernung von mindestens 2 km vom Amtssitze des Notars vorgenommen wird, A. 2a zu § 21 GO. Unter Reisekosten werden jetzt Tagegelder, Nachtquartier und Fuhrkosten verstanden. Im § 49 GKG. ist das Wort Tagegelder augenscheinlich irrtümlich stehengeblieben. Ebenso Beushausen S. 196.

5 Die Zusatzgebühr aus § 51 Abs. 1 GKG. entsteht hier nicht. Die Wege müssen notwendig gewesen sein, OLG. 13, 301. Der Mindestsatz des § 3 GO. kommt nicht zur Anwendung, da er durch die besondere Bestimmung des § 49 GKG. ausgeschlossen ist, KG. 41, 326, A. 2 zu § 3 GO. und A. 3 zu § 5 daselbst.

6 Nach § 80 Abs. 3 GO. f. RA. kann die Landesjustizverwaltung für einzelne Ortschaften bestimmen, daß den Rechtsanwälten bei den an ihrem Wohnort außerhalb der Geschäftsstelle vorzunehmenden Geschäften die verauslagten Fuhrkosten zu erstatten sind. Nach § 21 GO. findet diese Bestimmung auch auf Notare Anwendung; diese haben also an den von der Justizverwaltung bezeichneten Orten für die an ihrem Amtssitz außerhalb ihrer Geschäftsräume vorgenommenen Geschäfte Anspruch auf Ersatz der Fuhrkosten. Dementsprechend erhalten die Notare an den in den Allgem. Verfüg. v. 17. Sept. 1895 (JMBl. 275), 24. Nov. 1897 (JMBl. 288, 289), 24. März 1898 (JMBl. 62), 7. Jan. 1903 (JMBl. 10), 24. Nov. 1913 (JMBl. 459) bezeichneten Orten, nämlich Berlin, Breslau, Charlottenburg, Elberfeld, Barmen, Essen, Reichenbach u. E. (außerhalb des engeren Stadtbezirks), Cassel (ebenso), Papenburg (ebenso), Hannover mit Linden, Köln, Düsseldorf, Frankfurt a. M., Wiesbaden (für Wechselproteste), Altona, Kiel (beschränkt), Königsberg i. Pr., Erfurt (beschränkt), Halle (beschränkt), Magdeburg, Posen (beschränkt), Stettin (beschränkt), Bochum (mit Beschränkungen, JMV. v. 18. April 1905, JMBl. 129), Neukölln (JMV. v. 18. Sept. 1905, JMBl. 284), Schöneberg (JMV. v. 8. Mai 1906, JMBl. 142), Saarbrücken (bei den außerhalb des engeren alten Stadtbezirks Saarbrücken vorzunehmenden Geschäften, JMV. v. 2. Nov. 1909, JMBl. 353), Crefeld, Remscheid, Mülheim a. d. Ruhr, Duisburg, einschließlich Duisburg-Ruhrort, Gelsenkirchen (beschränkt, JMV. v. 19. Jan. 1914, JMBl. 105), schließlich für Dienstreisen von Rheydt nach München-Gladbach und Odenkirchen oder umgekehrt bei den außerhalb ihrer Geschäftsräume vorgenommenen Geschäften die verauslagten Fuhrkosten erstattet, sofern ihnen nicht die nach § 78 GO. f. RA. (S. zu § 21

GO.) zu berechnenden Tagegelder und Fuhrkosten zustehen. Die Notare müssen sich des öffentlichen Fuhrwerks (Droschken, Omnibus, Dampfschiff, Eisenbahn, Kleinbahn) bedienen. Bei Benutzung eines eigenen Fuhrwerks ist der nach der Taxe für öffentliches Fuhrwerk übliche Fahrpreis zu vergüten. Automobildroschken dürfen benutzt werden. Wartegelder für Droschken sind in der Regel nicht zu vergüten, wohl aber dann, wenn der Notar z. B. in abgelegenen Straßen oder Plätzen nicht darauf rechnen kann, für den Rückweg ein Fuhrwerk zu finden. Die für mehrere Geschäfte erwachsenen Fuhrkosten werden auf diese zufolge § 115 Nr. 1 GKG. nach der Zahl der Geschäfte verteilt. Vgl. HerrH. StB. 234, 235, A. 5 zu § 21 GO. Sind die Wegegebühren höher als die Fuhrkosten, so erhält der Notar nur den Betrag der Wegegebühren. Sind die Fuhrkosten höher, so erhält er nicht die Wegegebühren, KG. 29 B 22.

Eine Anrechnung der Tagegelder, Reisekosten und verauslagten Fuhrkosten auf die Mindestgebühr findet nach dem klaren Wortlaute des Paragraphen gleichfalls nicht statt. Die Mindestgebühr von 2 Goldmark wird stets neben diesen Spesen voll liquidiert.

Sind bei mehreren Wegen nur für einen Weg Fuhrkosten ausgegeben, so werden sie auch nur auf diesen Weg angerechnet. Die Gebühren für die übrigen Wege können hierneben voll liquidiert werden, OLG. 13, 301.

7 Die Gebühren des § 49 GKG. sind auch zu zahlen, wenn die Protestaufnahme erfolgt, die Beurkundung aber unterblieben ist, Mügel A. 3 zu § 51 GKG. alter Fassung. Wird der Auftrag vor Erledigung zurückgenommen, so erhält der Notar $^{5}/_{10}$ des vollen Gebührensatzes, § 12 GO., sofern er schon irgend eine Tätigkeit z. B. Prüfung des Wechsels, Antritt des Weges ausgeübt hat, sonst erhält er nichts. Die Wegegebühr erhält er, wenn er den Weg begonnen hat.

8 Für Scheckproteste ist ebenso wie für Wechselproteste zu liquidieren. Es gilt alles in A. 1 bis 7 Gesagte.

9 Die Gebühr des § 51 GKG. kommt nicht zur Anwendung, ebensowenig diejenige des § 6 GO., wenn der Protestat krank zu Bette liegen sollte, da es sich um keine Beurkundung am Krankenlager handelt.

GKG. § 50.

Abschriftenbeglaubigung, Ausfertigungen, Sicherstellung der Zeit.

(1) Zwei Zehnteile der vollen Gebühr werden erhoben:

1. für die Sicherstellung der Zeit, zu welcher eine Privaturkunde ausgestellt ist;
2. für die Beglaubigung von Abschriften, für diese jedoch höchstens 20 Goldmark; erfolgt die Herstellung der Abschriften durch

das Gericht, so sind neben der Gebühr Schreibgebühren zu erheben.

(2) Für die Erteilung von Ausfertigungen oder beglaubigten Abschriften von Urkunden, die das Gericht selbst aufgenommen hat, einschließlich der Erteilung auszugsweiser Ausfertigungen oder beglaubigter Abschriften, werden nur Schreibgebühren erhoben. Dasselbe gilt hinsichtlich der Ausfertigungen oder beglaubigten Abschriften von den in Verwahrung des Gerichts befindlichen Urkunden der Auditeure, Notare und Schiedsmänner.

1 Sicherstellung der Zeit s. Art. 58 PrFGG. Der Wert ist auch hier zu schätzen, und, wenn dies nicht möglich, gemäß § 22 Abs. 2 GKG. anzunehmen. Bisher wurden hierfür $^3/_{10}$ erhoben, jetzt sind es nur $^2/_{10}$. Ein Höchstbetrag ist nicht festgesetzt.

2 Beglaubigungen von Abschriften s. Art. 57 PrFGG. — Wertberechnung § 38 Abs. 1 GKG. Gegenstand ist die Urkunde, nicht das Rechtsgeschäft, über das die Urkunde lautet. Daher entscheidet der Wert der Urkunde. Bei Papieren, bei denen das Recht an dem Papiere haftet, z. B. Wechseln, Inhaberpapieren, wird der Wert der Urkunde in der Regel gleich dem Werte des Rechtes sein. Sonst wird der Wert zu schätzen, evtl. gemäß § 22 Abs. 2 GKG. anzunehmen sein, a. M. KG. 37 B 25, nach dem stets der Wert des beurkundeten Geschäfts auch Gegenstandswert für die Beglaubigung der Abschrift sein soll.

3 Gebührenfrei sind die Ausfertigungen und beglaubigten Abschriften der Urkunden, welche der Notar oder sein Vertreter selbst aufgenommen hat, Art. 97, 99 PrFGG. Zu diesen Urkunden gehören auch die vom Notar gemäß § 9 GO. gefertigten Entwürfe mit oder ohne nachfolgende Unterschriftsbeglaubigung, Begr. z. GO. von 1910 S. 8. Danach werden Gebühren des § 50 GKG. für Ausfertigungen überhaupt nicht erhoben, auch nicht für die in beglaubigter Abschrift beizufügenden Anlagen, für beglaubigte Abschriften nur, wenn der Notar die Urkunde nicht selbst aufgenommen hat, für einfache Abschriften überhaupt nicht. Dagegen erhält der Notar, sobald einer der im § 13 GO. normierten Ausnahmen vorliegt, die dort ganz besonders umständlich normierten Gebühren, A. zu § 13 GO.

4 Der Notar erhält, wenn er die zu beglaubigende Abschrift der Urkunde selbst fertigt, Schreibgebühren für die Abschrift der Urkunde, und zwar 0,20 Goldmark für die Seite. Inwiefern der Notar für die Erteilung von Ausfertigungen, beglaubigten und einfachen Abschriften von Urkunden, die er selbst aufgenommen hat, Schreibgebühren erhält, s. § 20 GO. Für die Erteilung einfacher Abschriften fremder Urkunden erhält er nur Schreibgebühren, und zwar 0,20 Goldmark für die Seite.

Für die Beglaubigungsgebühr ist jetzt ein Höchstbetrag von 20 Goldmark bestimmt.

5 Der letzte Satz des Abs. 2 findet auf Notare keine Anwendung, Art. 97, 98, 102, 103 PrFGG.

6 In bezug auf die für rheinische Notare gemachten Ausnahmen s. § 27 GO.

GKG. § 51.

Außerhalb der Geschäftsräume.

(1) Wird auf Verlangen der Partei oder mit Rücksicht auf die Art der Rechtshandlung die letztere außerhalb der Gerichtsstelle vorgenommen, so werden neben den in diesem Abschnitte bestimmten Gebühren — mit Ausnahme der in den §§ 45, 48, 49 vorgeschriebenen Gebühren — fünf Zehnteile der vollen Gebühr, jedoch höchstens 50 Goldmark, erhoben. Die Zusatzgebühr darf die für das Geschäft selbst zu erhebende Gebühr nicht übersteigen. Kann das Geschäft nicht an einem Kalendertage beendigt werden, so wird die Zusatzgebühr für jeden Tag, an welchem das Gericht außerhalb der Gerichtsstelle tätig war, besonders erhoben; die Gebührenstufe für die Zusatzgebühr wird in diesem Falle durch eine Teilung des Wertes des Gegenstandes nach der Zahl der Tage ermittelt. Beziehen die Gerichtspersonen Tagegelder und Reisekosten oder die im § 113 bezeichnete Gebühr, so wird der Betrag derselben auf die Zusatzgebühr angerechnet.

(2) Die Zusatzgebühr wird, sofern die Gerichtspersonen den Weg zur Vornahme des Geschäfts angetreten haben, auch dann in Ansatz gebracht, wenn das Geschäft aus einem in der Person des Beteiligten liegenden Grunde nicht zur Ausführung gelangt ist.

(3) Die Vorschriften über die Erhebung von Vorschüssen für bare Auslagen finden auf die Zusatzgebühr entsprechende Anwendung.

1 Die Zusatzgebühr hat der Notar nur zu beanspruchen, wenn er durch ausdrückliches Verlangen des Beteiligten zur Vornahme der Rechtshandlung außerhalb seiner Geschäftsräume veranlaßt worden ist, nicht wenn er bei seiner durch einen anderen Anlaß herbeigeführten Anwesenheit außerhalb seiner Geschäftsräume zur Vornahme der Handlung geschritten ist, z. B. wenn er das Geschäft bei Gelegenheit eines anderen Geschäfts vorgenommen hat, vgl. § 112 GKG. Außerdem erhält der Notar die Zusatzgebühr, wenn die Vornahme des Amtsgeschäfts außerhalb der

Geschäftsräume mit Rücksicht auf die Art der Rechtshandlung geboten war. Bei Geschäften auf Sprechtagen kann der Notar weder diese Gebühr noch Reisekosten gemäß § 21 GO. verlangen, KB. z. alten GKG. 43. Wegen der Unzulässigkeit der Forderung dieser Gebühr bei Nebengeschäften, insbesondere bei der Grundbucheinsicht zwecks Vornahme einer Beurkundung s. A. 3 § 54 GKG., OLG. 19, 276. Auch die persönliche Überbringung eines vor dem Notar errichteten Testaments durch diesen an das Gericht ist nur ein Nebengeschäft, für das keine Zusatzgebühr genommen werden darf, KG. 39 B 59. Die Zusatzgebühr darf auch nicht für Vorverhandlungen erhoben werden, z. B. wenn sich der Notar bei Errichtung eines Testaments oder einer sonstigen Urkunde behufs Vorbesprechungen vor der Errichtung des Akts zu dem Auftraggeber begeben hat, Mügel A. 8 zu § 53 GKG. alter Fassung.

Die häufig ausgesprochene Anweisung der Aufsichtsbehörden, daß der Notar das Verlangen der Partei beurkundet und im Beglaubigungsvermerk mit aufnehmen soll, ist unberechtigt und belastet die Urkunden nur mit überflüssigen Dingen, die nicht hineingehören, widerspricht auch der Entscheidung des KG. 37 B 31.

2 Außerhalb der Geschäftsräume des Notars; für eine Tätigkeit in seiner davon entfernten Wohnung kann er die Gebühr nicht beanspruchen. Die auf den Richter sich beziehende Entscheidung des KG. in KG. 15, 173 paßt für den Notar nicht, vgl. auch § 12 Abs. 2 GO.

3 Der Mindestsatz ist jetzt der allgemeine von 2 Goldmark für Notare gemäß § 3 GO. Bei gleichzeitiger Vornahme mehrerer selbständiger Amtshandlungen außerhalb der Geschäftsräume ist die Zusatzgebühr für jede einzelne Handlung anzusetzen; eine Verteilung gemäß § 112 GKG. (abgedruckt zu § 21 GO.) findet nicht statt, KG. 16, 168, RhNB. in DNB. 1914, 414 und KG. v. 6. März 1899 — Y 115/99 — bei Schulz A. 2 zu § 53 GKG. alter Fassung.

4 Die Bestimmung des Gesetzes ist nicht vollständig. Sie muß sinngemäß ergänzt werden.

Falls sich der Notar an mehrere Stellen außerhalb seiner Amtsstube begeben muß, kann er die Zusatzgebühr, gleichgültig, ob er die mehreren Wege an einem oder an mehreren Tagen macht, mehrfach erheben. Der Wert jeder einzelnen Wegegebühr bestimmt sich nach dem Werte der Beurkundung, zu deren Vornahme der Notar den Weg unternimmt. Ebenso Beushausen S. 202. — Daneben wird, falls die Voraussetzung des § 6 GO. vorliegt, die dort bestimmte Gebühr erhoben.

5 Die Notare beziehen gemäß § 21 GO. Reisekosten, Tagegelder, Nachtquartier und Fuhrkosten. Zu den Reisekosten gehören nach § 112 Nr. 2 GKG. auch die gemäß § 80 Abs. 3 GO. f. RA. zu beanspruchenden

Fuhrkosten, vgl. A. 6 zu § 49 GKG. Sind also die Fuhrkosten höher als die im § 51 Abs. 1 GKG. bezeichnete Zusatzgebühr, so hat der Notar die Fuhrkosten, anderenfalls die Zusatzgebühr, und daneben in beiden Fällen, wenn die Voraussetzungen des § 6 GO. vorliegen, die ihm danach zukommenden Gebühren zu erheben. Sind mehrere Geschäfte auf einer einzigen Reise erledigt und sind daher die Reisekosten gemäß § 21 GO., § 112 GKG. auf die mehreren Geschäfte zu verteilen, so ist der auf das einzelne Geschäft fallende Teil der Reiseauslagen mit der Gebühr aus § 51 GKG. zu vergleichen.

6 Die in § 113 GKG. bezeichnete Gebühr betrifft Notare nicht.

7 Es kommt noch § 12 GO. in Betracht. — Die Zusatzgebühr ist bei einem nicht zur Ausführung gelangten Geschäfte dann nicht anzusetzen, wenn dasselbe Geschäft später an einem anderen, nicht entfernt liegenden Tage zustande kommt, KG. 17, 249. Sonst hat sie der Notar zu erhalten, wenn er den Weg angetreten hat, auch wenn das Geschäft aus einem Grunde, den der Auftraggeber zu vertreten hat, nicht zur Ausführung kommt.

8 Der Abs. 3 des Gesetzes gilt nicht für Notare. Für diese gilt § 23 GO.

9 Die Zusatzgebühr kann jetzt nicht mehr höher sein als die Hauptgebühr, die der Notar für das Geschäft erhält. KG. 53, 322 ist veraltet. Ihr Höchstbetrag ist gesetzmäßig 50 Goldmark.

10 Über die Anwendung des § 51 GKG. im Falle des § 11 GO. s. A. 7 zu diesem.

GKG. § 52.

Ergebnislose Tätigkeit.

Unterbleibt die beantragte Beurkundung einer Erklärung, nachdem das Gericht darüber mit den Beteiligten verhandelt hat, so werden fünf Zehnteile der vollen Gebühr bis zu einem Höchstbetrage von 20 Goldmark erhoben.

Es handelt sich im § 52 nur um die Beurkundung von Rechtsgeschäften, nicht um Beurkundungen von Tatsachen. Für diese nicht zustande gekommenen Beurkundungen von Rechtsgeschäften erhält der Notar jetzt $^{5}/_{10}$ der vollen Gebühr der §§ 32, 33 GKG., nicht der für das Geschäft zur Hebung kommenden Gebühr, höchstens aber 20 Goldmark.

Für die Beurkundung von Tatsachen und die Vornahme anderer Amtsgeschäfte gilt für den Notar der § 12 GO., in dem für die Gebühr kein Höchstbetrag festgesetzt ist.

GKG. § 53.

Fremde Sprache.

(1) Neben den in diesem Abschnitt bestimmten Gebühren werden für die Beurkundung eines Rechtsgeschäfts fünf Zehnteile der vollen Gebühr erhoben, wenn sich ein Beteiligter in einer fremden, im Gerichtsbezirke nicht gebräuchlichen Sprache erklärt.

(2) Die Zusatzgebühr sowie die durch die Zuziehung eines Dolmetschers entstandenen Auslagen fallen dem Beteiligten zur Last, der die Zuziehung des Dolmetschers oder die Verhandlung in fremder Sprache veranlaßt hat.

1 Es ist jetzt eine einheitliche selbständige Gebühr von $^5/_{10}$ der vollen Gebühr der §§ 32, 33 GKG. nach dem Werte des Geschäfts zu erheben, bei dessen Vornahme der Gebrauch der fremden Sprache erforderlich war. Es darf sich aber nur um eine fremde, im Gerichtsbezirke nicht gebräuchliche Sprache handeln. Als eine gebräuchliche Sprache ist eine solche anzusehen, die im täglichen Verkehr von einem großen Teil der Bevölkerung gebraucht wird, KB. von 21/22 S. 26. Es muß sich aber stets um eine fremde, nichtdeutsche Sprache, nicht etwa um einen im Gerichtsbezirke nicht gebräuchlichen und schwerverständlichen Dialekt handeln, A. 3.

2 Nach dem Wortlaute des Paragraphen käme diese Bestimmung nur bei Beurkundung von Rechtsgeschäften zur Anwendung. Die Entstehungsgeschichte (vgl. § 5 Abs. 2 der GO. in der Fassung von 1895) ergibt aber, daß ein Unterschied zwischen Beurkundungen von Rechtsgeschäften und von sonstigen Erklärungen oder von Tatsachen nicht gemacht werden sollte, sondern daß nur eine ungenaue Fassung vorliegt. An dieser meiner Meinung kann auch der Umstand nichts ändern, daß der Wortlaut in dem jetzigen Gesetze nicht geändert worden ist und daß im § 11 GO. die Zusatzgebühr für Fremdsprachengebrauch jetzt ausdrücklich angeordnet ist.

Der § 53 GKG. kommt daher auch in den Fällen der §§ 41, 44, 45, 46, 47, 48, 49, 50 GKG., § 11 GO. zur Anwendung, ebenso Armbruster in DNV. 1917, 44; a. M. OLG. 7, 442, KG. 40, 363, Mügel A. 2 zu § 54 GKG. alter Fassung.

3 Fremde Sprache ist hier jede andere als die deutsche, § 8 FGG., § 186 GVG. Auch wenn der Notar der fremden Sprache mächtig ist und kein Dolmetscher zugezogen wird, kommt die Gebühr zum Ansatze, KB. AG. z. BGB. 111.

4 Der Abs. 2 des Paragraphen kommt für Notare nicht in Betracht. Für Notare gelten statt des Abs. 2 die §§ 20 GO., 675, 670 BGB. — Wegen der Dolmetscherentschädigung vgl. A. 2 zu § 20 GO.

5 Die Gebühr ist jetzt eine Zusatzgebühr. Deshalb beträgt sie ohne Rücksicht auf die Hauptgebühr stets mindestens 2 Goldmark.

6 Trifft Beurkundung in fremder Sprache mit der Gebühr des § 6 GO. (Beurkundung am Krankenlager oder während der Nacht) oder einer sonstigen Zusatzgebühr zusammen, so wird neben dieser letzten nicht auch noch die Zusatzgebühr des § 53 erhoben. KG. 32 B 23.

GKG. § 54.

Gebührenumfang.

Die in diesem Abschnitte bestimmten Gebühren umfassen die gesamte Tätigkeit des Gerichts einschließlich aller Nebengeschäfte. Neben den Gebühren werden die Beträge der nach den Vorschriften der Stempelgesetze zu entrichtenden Stempelabgaben erhoben. Der auf dem Geschäfte ruhende Stempel wird für die Urschrift erhoben; die erste Ausfertigung ist stempelfrei, für weitere Ausfertigungen wird der Stempel nach der Tarifstelle „Duplikate" erhoben. Im übrigen finden auf die Besteuerung von Ausfertigungen und beglaubigten Abschriften die Vorschriften des § 110 Abs. 2 mit der Maßgabe Anwendung, daß, soweit nach § 50 Abs. 1 Nr. 2 für die Erteilung der beglaubigten Abschrift einer stempelpflichtigen Urkunde eine Gebühr zu erheben ist, ein Stempel nicht zur Erhebung kommt.

1 Für Notare kommt nur Satz 1 in Betracht. Hinsichtlich der Stempel sind für sie § 20 GO. und §§ 9, 15 StStG. in der Fassung vom 27. Okt. 1924 (GS. 627) maßgebend. Der Grundsatz des § 54 GKG. ist wohl von demjenigen des § 19 Abs. 2 GKG., der dieselbe Tendenz verfolgt, zu unterscheiden. Im § 54 GKG. handelt es sich um die eigenen Amtsgeschäfte des Notars, im § 19 Abs. 2 GKG. um die Geschäfte, auf die sich die Amtstätigkeit des Notars bezieht. Die Tendenz beider Bestimmungen ist, einer unzulässigen Sportelhäufung in jeder Form entgegenzutreten, A. 2 zu § 19 GKG.

2 KG. 53, 323 hat die Auslegung des § 54 GKG. auf die richtige Grundlage gestellt. Das Geschäft des Richters und das des Notars stehen ganz gleich. Der Notar hat für die Hauptgebühr nicht mehr Geschäfte zu tun als der Richter, mit Ausnahme des Verkehrs mit den Gerichten vor und nach dem Hauptgeschäfte. Dieser Verkehr ist mit der Gebühr für das Hauptgeschäft abgegolten. Sonst ist für eine Tätigkeit, die auch außerhalb des Geschäftskreises des Richters liegt, nach den hierfür in Betracht kommenden gesetzlichen Bestimmungen evtl. gemäß § 16 GO. zu liquidieren. Als ein Nebengeschäft, sagt KG. 53, 324 ferner, stellt sich ein Geschäft dar, wenn es in dem Verhältnisse zu dem anderen Geschäfte, dem Hauptgeschäft, als das minder wichtige, weniger bedeutende erscheint und wenn es mit dem Hauptgeschäft derart im Zusammenhang steht, daß es nicht als ein selbständiges in die Erscheinung tritt, sondern nur vorgenommen wird, um das Hauptgeschäft vorzubereiten oder das bereits vorgenommene

Hauptgeschäft zu fördern und so den mit ihm beabsichtigten Erfolg herbeizuführen (z. B. Erteilung von Ausfertigungen).

3 Kostenfreie Nebengeschäfte sind danach die Vereidigung des Dolmetschers, Art. 86 PrFGG., jede Grundbucheinsicht zum Zwecke der Aufnahme von Urkunden, falls es zur Aufnahme kommt, OLG. 7, 258; 19, 276; DNB. 1904, 62. Auch die Wegegebühr des § 51 GKG. steht dem Notar bei Einsicht des Grundbuchs nicht zu, da diese nur für einen Weg liquidiert werden soll, der zum Zwecke der Vornahme der Amtshandlung selbst vorgenommen wird, OLG. 19, 276. Der Notar kann jetzt nur seine baren Auslagen und die Fuhrkosten liquidieren. Liegen die Gerichte in abgelegenen Gegenden, wo, wie dies bei einer Anzahl Berliner Gerichte der Fall, kein Fuhrwerk zu erhalten ist, so wird der Notar auch die Kosten des Wartens des Fuhrwerks für die Rückfahrt in Ansatz bringen können, s. A. 6 zu § 49 GKG. Bei Nebengeschäften außerhalb seines Wohnorts kann er Tagegelder und Reisekosten gemäß § 21 GO. beanspruchen. Stets ist ein Nebengeschäft die beratende Tätigkeit, die der Notar behufs Ausführung eines Geschäfts oder bei der Ausführung eines Geschäfts ausübt. Insbesondere kann hierfür nicht nach § 16 GO. liquidiert werden, da der § 16 GO. nur für Hauptgeschäfte bestimmt ist, KG. 39 B 62. Über die Anzeige von der Hypothekenbestellung an die Feuerversicherungsgesellschaft s. A. 2 zu § 1 GO. Die Rücksendung aller Urkunden, auch derjenigen, bei denen bloß die Unterschrift beglaubigt ist, an den Auftraggeber oder dessen Bevollmächtigten, ist stets gebührenfreies Nebengeschäft, KG. 46, 305 und in DNB. 1914, 645; NZ. 1914, 164. Die Einreichung der Urkunden, Anträge, Erinnerungen an das Gericht ist gebührenfrei, soweit nicht im § 10 GO. Ausnahmen vorgesehen sind; die Beurkundung von Anträgen an das Gericht, insbesondere auch auf Eintragungen in das Grundbuch oder Register, neben der Beurkundung des zugrunde liegenden Geschäfts sind Nebengeschäfte, KG. 51, 358; ebenso Anträge auf vormundschaftliche Genehmigung beurkundeter Erklärungen, auf Genehmigung eines Kaufvertrags auf Grund des preußischen Gesetzes vom 10. Febr. 1923, KG. 42, 341, KK. 1, 98; ebenso die Ladung der Parteien und die Korrespondenz mit ihnen oder dritten Personen, selbstverständlich auch die Besorgung und Verwendung von Stempeln, A. 2 zu § 1 GO. Ob die Tätigkeit für das Nebengeschäft zufällig größer ist als die für das Hauptgeschäft, ist gleichgültig, KG. 46, 310. Der Notar kann auch für Nebengeschäfte keine Gebühren vereinbaren.

4 Keine Nebengeschäfte, sondern kostenpflichtige Hauptgeschäfte sind dagegen die Aufbewahrung von Aktien, die bei dem Notar zwecks Ausübung des Stimmrechts hinterlegt sind, § 14 Abs. 4 GO., und die Ausstellung des Hinterlegungsscheins hierüber, § 47 GKG., KG. in NZ. 1907, 122 und DNB. 1907, 714. Ferner die Beschaffung einer Steuer-

bescheinigung gemäß § 24 des Grundsteuererwerbsgesetzes (Wert gleich den mutmaßlich zu zahlenden Steuerbeträgen), KG. 53, 323, nach den Grundsätzen dieses Beschlusses auch die Beschaffung von Grundbuch- und Katasterauszügen, standesamtlicher Urkunden. Die frühere Entsch. des KG. 46, 310 ist insofern veraltet. Hauptgeschäft ist auch die Vorbereitung des Geschäfts als solchen, nicht der Beurkundung, z. B. die Besorgung der Gründung einer Gesellschaft. Dagegen ist die nachträgliche Beseitigung von Mängeln des Geschäfts kostenfreies Nebengeschäft, § 10 GO. Ein Folgesatz, und nur ein Folgesatz des § 54 GKG., ist der § 10 GO.; sein Abs. 2 bestimmt besondere Ausnahmen von § 54 GKG, KG. 42, 344, s. A. 1 zu § 10 GO. Wird nur eine der neben einem Hauptgeschäft sich als Nebengeschäft darstellenden Tätigkeiten ohne das Hauptgeschäft von einem Notar vorgenommen, so ist dieses Geschäft selbst Hauptgeschäft, für das gemäß den Bestimmungen des GKG. und der GO. zu liquidieren ist. Bestehen keine anderen Sätze, so kommt, wie z. B. bei der Grundbucheinsicht, § 16 GO., und bei Stellung von Anträgen an Gericht und Behörden § 10 Abs. 2 GO. zur Anwendung. Es ist dies selbstverständlich stets der Fall, wenn ein Notar das Nebengeschäft, ein anderer das Hauptgeschäft vornimmt, KG. 27 B 18. Die Erteilung der Anweisung an eine Bank, nach erfolgter Umschreibung der Hypothek die Valuta an den Berechtigten auszuzahlen, ist kein gebührenfreies Nebengeschäft. Es ist ein besonderes Hauptgeschäft. Der Notar erhält jetzt dafür die Gebühren des § 14 Abs. 1 GO., s. A. 1 zu § 14 GO.

5 Der § 54 GKG. bezieht sich seinem Wortlaute nach zwar nur auf die §§ 32 bis 53 GKG., enthält meiner Meinung nach aber einen allgemeinen, prinzipiellen Grundsatz des Gesetzes und muß auch auf alle übrigen Notariatsgeschäfte angewendet werden, a. M. DNV. 04, 63 und Beushausen S. 205, 206.

Fünfter Abschnitt.

Nachlaßsachen und Auseinandersetzungen.

GKG. § 78.

Erbschein.

(1) Für die Erteilung eines Erbscheins, einschließlich des vorangegangenen Verfahrens, wird die volle Gebühr erhoben.

(2) Neben den im Abs. 1 bestimmten Gebühren werden für die in dem Verfahren vor Gericht abgegebenen eidesstattlichen Versicherungen die in § 47 Abs. 2 bestimmten Gebühren erhoben.

(3) Für die Einziehung oder Kraftloserklärung eines Erbscheins werden fünf Zehnteile der vollen Gebühr erhoben. Für die Veranstaltung von Ermittlungen über die Richtigkeit eines Erbscheins werden Gebühren nicht erhoben.

(4) Bei der Berechnung der Gebühren wird der Wert des Nachlasses und, wenn der Erbschein nur zur Verfügung über einzelne Gegenstände berechtigt, der Wert dieser Gegenstände nach Abzug der auf dem Nachlaß oder auf diesen Gegenständen haftenden Schulden zugrunde gelegt. Wird über mehrere Erbfälle ein Erbschein erteilt, so werden die Beträge der mehreren Nachlässe zusammengerechnet. Wird der Erbschein nur über das Erbrecht eines Miterben erteilt, so ist für die Gebührenerhebung nur dessen Erbteil maßgebend.

(5) Wird dem Nachlaßgerichte glaubhaft gemacht, daß der Erbschein nur zur Verfügung über Grundstücke oder im Grundbuch eingetragene Rechte gebraucht wird, und wird beantragt, die Ausfertigung des Erbscheins dem Grundbuchamte zur Aufbewahrung bei seinen Akten zu übersenden, so werden die in Abs. 1 und 2 bestimmten Gebühren nur nach dem Werte der im Grundbuche des Grundbuchamts eingetragenen Grundstücke und Rechte berechnet, über die auf Grund des Erbscheins verfügt werden kann. Wird mehreren Grundbuchämtern eine Ausfertigung zur Aufbewahrung übersandt, so ist der Gesamtwert der in den Grundbüchern eingetragenen Grundstücke und Rechte maßgebend. Wird demnächst die Erteilung einer Ausfertigung oder einer Abschrift des Erbscheins beantragt, so hat der Antragsteller die nach dem Werte des reinen Nachlasses berechneten Gebühren der Abs. 1 und 2 nach Abzug des bereits bezahlten Betrags nachzuentrichten.

(6) Die Bestimmungen des vorhergehenden Absatzes finden entsprechende Anwendung, wenn der Erbschein nur zur Verfügung über andere als die in dem Abs. 5 angegebenen einzelnen Nachlaßgegenstände gebraucht und zu diesem Zwecke vom Nachlaßgericht einer öffentlichen Behörde übersandt werden soll. **Wird der Erbschein nicht innerhalb der von dem Nachlaßgerichte bestimmten Frist mit einer Bescheinigung der Behörde, daß er nur zu dem bezeichneten Zwecke gebraucht und eine Abschrift nicht zurückbehalten worden ist, zurückgesandt, so ist die volle Erbscheinsgebühr zu erheben.**

(7) Die Vorschriften der Abs. 1 bis 6 finden auf das Zeugnis über die Fortsetzung der Gütergemeinschaft oder die Ernennung eines Testamentsvollstreckers entsprechende Anwendung; bei der Berechnung der Gebühr für das Zeugnis über die Fortsetzung der Gütergemeinschaft tritt an die Stelle des Wertes des Nachlasses der halbe Wert des Gesamtguts der fortgesetzten Gütergemeinschaft; in den übrigen Fällen findet auf die Berechnung des Wertes die Vorschrift des § 22 Abs. 1 entsprechende Anwendung. Die Gebühr

für das Zeugnis über die Ernennung eines Testamentsvollstreckers wird neben der Gebühr des Abs. 1 nur zur Hälfte erhoben. Dieselbe Gebührenermäßigung tritt ein für ein weiteres Zeugnis über die Ernennung eines Testamentsvollstreckers, das infolge eines Wechsels in der Person des Testamentsvollstreckers erforderlich geworden ist.

1 Für Notare kommen nur die stark gedruckten Stellen in Abs. 4 und die gleichfalls stark gedruckten Sätze des Abs. 7 des § 78 GKG. in Betracht, KG. 52, 265. Sie bestimmen den Wert der Beurkundung. Die übrigen Bestimmungen finden auf Notare keine Anwendung. Die Ermäßigung soll nur gelten, wenn die Versendung an preußische Grundbuchämter oder Behörden, nicht aber, wenn sie an ausländische, nichtpreußische oder Reichsbehörden oder derartige Grundbuchämter geschieht, KG. 51, 381.

2 Wegen der Aufnahme der eidesstattlichen Versicherungen behufs Erteilung eines Erbscheins und der sonstigen in Abs. 7 des § 78 GKG. aufgeführten Zeugnisse s. § 47 Nr. 2 GKG. und A. 4 dazu.

3 Über die Wertberechnung s. A. 4 zu § 47 GKG.

4 Über die Wirkung des Abs. 5 auf die Gebühren der Notare sowie die Anwendung des Abs. 7 s. gleichfalls noch A. 4 zu § 47 GKG.

§ 6.

Besondere Gebühren. 1. Krankenlager, Nachtzeit.

Für Beurkundungen am Krankenlager an Sonntagen uno den staatlich anerkannten Festtagen sowie in der Zeit von 7 Uhr abends bis 8 Uhr morgens erhält der Notar außer den ihm sonst zustehenden Gebühren zusätzlich noch fünf Zehnteile der vollen Gebühr. Die Zusatzgebühr darf die für das Geschäft selbst zu erhebende Gebühr nicht übersteigen. Treffen mehrere dieser Voraussetzungen zusammen, so wird diese Zusatzgebühr nur einmal erhoben.

1 Beurkundungen sind hier Beurkundungen jeder Art, z. B. auch Beglaubigungen, Art. 31, 60 PrFGG., und Beurkundungen gemäß § 49 GKG., aber auch nur Beurkundungen, KG. 40, 358, s. A. 7. Bei Beglaubigungen ist die Gebühr verdient, wenn die Unterschrift am Krankenlager oder während der Nachtzeit vor dem Notar gefertigt oder ihm gegenüber anerkannt wird, gleichgültig, wo oder wann der Beglaubigungsvermerk durch den Notar erfolgt, KG. 40, 358. Die Voraussetzungen müssen im übrigen für die Haupttätigkeit des Notars vorhanden sein; ob für Nebengeschäfte, wie den Hin- oder Rückweg, die Voraussetzungen des § 6 GO.

vorliegen, ist gleichgültig. Dadurch wird die Erhebung der Gebühr nicht gerechtfertigt.

2 Bei Beurkundungen am Krankenlager muß es sich um einen an das Lager, wenn auch nicht gerade an das Bett gefesselten, nicht um einen nur am Ausgehen verhinderten Kranken handeln, KG. 17, 248. Findet die Beurkundung in einem Krankenhause statt, in dem sich der Beurkundende zur Heilung befindet, so wird dies als eine Beurkundung am Krankenlager anzusehen sein. — Das Verhandlungsprotokoll braucht nicht zu ergeben, daß die Beurkundung am Krankenlager erfolgt ist, KG. 17, 248.

3 Die Zusatzgebühr für die nächtliche Tätigkeit oder die Tätigkeit an Sonn- und Feiertagen wird erhoben, auch wenn sie nur teilweise in diese Zeit oder in diese Tage fällt, Begr. 15.

4 Die Gebühr des § 6 GO. ist keine erhöhte Gebühr. Sie ist eine Zusatzgebühr, die der Notar neben der Hauptgebühr und den ihm zukommenden Reisekosten oder der nach § 51 GKG. ihm für seine Geschäfte außerhalb seiner Wohnung bestimmten Zusatzgebühr und der in § 53 GKG., angeordneten erhöhten Gebühr für Beurkundungen in fremder Sprache, Begr. 15, KG. 17, 248, erhält.

5 Die Berechnung erfolgt stets nach §§ 32, 33 GKG. (§ 4 GO.), selbst in dem Falle des § 11 GO. Der Satz der Hauptgebühr ist gleichgültig. Auch etwaige Erhöhungen der Hauptgebühr, z. B. gemäß §§ 51, 53 GKG. kommen nicht in Betracht. Es sind stets $^5/_{10}$ der vollen Gebühr gemäß §§ 32, 33 GKG. nach dem Werte, der für den Hauptgegenstand des Geschäfts, A. 2 ff. zu § 20 GKG., maßgebend ist, in Ansatz zu bringen, KG. 32 B 23; 40, 365; 53, 322. Ist für den Wert der Hauptgebühr eine Höchstgrenze gesetzt, so gilt diese auch für die Zusatzgebühr. Ebenso schon früher KG. 53, 322. Treffen mehrere der in diesem Paragraphen aufgeführten Gründe zur Erhebung der Zusatzgebühr zusammen, so wird diese dennoch nur einmal erhoben. Liegen dagegen die Voraussetzungen für die Erhebung der Zusatzgebühren der §§ 51, 53 GKG. und des § 6 GO. vor, so werden sämtliche einzelnen Zusatzgebühren erhoben. Mindestgebühr für jede Zusatzgebühr sind 2 ℳ.

6 Der gemäß § 15 GO. zugezogene zweite Notar erhält diese Zusatzgebühr nicht s. A. 3 zu § 15 GO. Ebensowenig findet der § 6 GO. im Falle des § 16 GO. Anwendung.

7 Bei Wechselprotesten kann diese Gebühr nicht in Anwendung kommen. An Sonn- und Festtagen und zwischen 7 Uhr abends und 8 Uhr morgens soll der Notar nicht protestieren. Tut er es dennoch, so darf er dadurch nicht noch besondere Gebührenvorteile haben. Die Vornahme eines Protestes am Krankenlager des Protestaten ist keine Beurkundung.

8 Staatlich anerkannte Feiertage sind in Preußen der Neujahrstag, der Karfreitag, der Ostermontag, der Pfingstmontag, die beiden Weihnachtstage, der Buß- und Bettag, der Himmelfahrtstag, in der Rheinprovinz noch der Allerheiligentag.

§ 7.

2. Herstellung von Teil-, Gesamt- und gemeinschaftlichen Hypothekenbriefen.

Für die Herstellung eines Teilhypothekenbriefes erhält der Notar zwei Zehnteile der vollen Gebühr. Im Falle der Herstellung eines Gesamtbriefs finden die Vorschriften des § 56 Abs. 3 des Preußischen Gerichtskostengesetzes entsprechende Anwendung. Bei der Herstellung eines gemeinschaftlichen Briefes (§ 66 der Grundbuchordnung) werden die Werte der einzelnen Hypotheken oder Grundschulden zusammengerechnet.

§ 56 Abs. 3 des Preußischen Gerichtskostengesetzes lautet:

1. Werden mehrere Grundstücke mit einem und demselben Rechte belastet, so wird nur eine Gebühr nach dem Werte des Rechtes erhoben, wenn
   a) die Eintragung auf Grund eines gleichzeitig gestellten Antrages erfolgt,
   b) die mehreren Grundstücke einem Eigentümer oder denselben Miteigentümern gehören,
   c) die Grundstücke in demselben Amtsgerichtsbezirke belegen sind.

2. Ist im Falle des § 51 der Grundbuchordnung der Gesamtbetrag der Hypothek, Grundschuld oder Rentenschuld eingetragen, so gilt dies als Eintragung nur eines Rechtes.

3. Grundstücke, welche Eheleuten oder dem überlebenden Ehegatten und den Abkömmlingen des Verstorbenen gehören, gelten als Grundstücke eines Eigentümers.

4. Trifft eine der unter a, b und c angegebenen Voraussetzungen nicht zu, so wird die Gebühr des Abs. 1 für die erste Eintragung nach dem Werte des Rechtes erhoben; für jede folgende Eintragung werden nur fünf Zehnteile der für die erste Eintragung bestimmten Gebühr erhoben, und zwar nach dem Werte des Rechtes oder des Grundstücks, je nachdem der eine oder der andere der geringere ist. Bei gleichzeitiger Eintragung gilt als erste im Sinne dieser Vorschrift die Eintragung bei dem Grundstücke, das den höchsten Wert hat.

1 Gesamtbrief ist der Brief über eine Gesamthypothek, § 59 GBO. Gemeinschaftlicher Brief ist ein Brief über mehrere Hypotheken. Ein solcher kann nur erteilt werden, wenn die Voraussetzungen des § 66 GBO. vorliegen.

2 Die Gebühr beträgt zwei Zehnteile der vollen Gebühr des § 32 GKG.

3 Der § 63 Abs. 1 GKG. bestimmt: „Als Wert einer Hypothek oder Grundschuld ist der Betrag der Forderung oder der Grundschuld, bei Rentenschulden der Betrag der Ablösungssumme anzusehen."

Hieraus folgt, daß bei der Gebührenberechnung für Herstellung des Teilbriefs der Betrag der Teilforderung oder der Teilgrundschuld, bei Rentenschulden der Teilbetrag der Ablösungssumme maßgebend ist, KG. in BürBl. 1901, 152. Wird von dem Notar eine beglaubigte Abschrift der Schuldurkunde zur Verbindung mit dem Hypothekenbriefe hergestellt, so ist deren Beglaubigung kein gebührenfreies Nebengeschäft, KG. 43, 345. Denn dem Antragsteller liegt es ob, die mit dem Hypothekenbriefe zu verbindende Schuldurkunde entweder in Urschrift oder in einem öffentlich beglaubigten Auszuge zu liefern, § 58 Abs. 1 Satz 2 GBO., KG. 18, 147.

§ 8.

3. Vollstreckungsklausel.

Für die Erteilung der Vollstreckungsklausel wird eine Gebühr nur in den Fällen der §§ 726, 727 der Zivilprozeßordnung erhoben. Die Gebühr beträgt fünf Zehnteile der vollen Gebühr.

1 § 726 ZPO.: wenn die Vollstreckung von dem durch den Gläubiger zu beweisenden Eintritt einer anderen Tatsache als einer dem Gläubiger obliegenden Sicherheitsleistung abhängt. § 727 ZPO.: vollstreckbare Ausfertigung für die Rechtsnachfolger des in der Urkunde bezeichneten Gläubigers oder gegen die Rechtsnachfolger des in der Urkunde bezeichneten Schuldners; vgl. auch noch besonders § 726 Abs. 2 ZPO.

2 Erhält der Notar für die Erteilung der Klausel keine Gebühr, so kann er in dem Falle Schreibgebühren gemäß § 20 GO. fordern, wenn er die Klausel nicht auf eine ihm übergebene Ausfertigung setzt, sondern eine neue Ausfertigung erteilt, zu deren Erteilung er nach § 20 GO. nicht verpflichtet ist, andernfalls nicht. Für die gebührenpflichtige Erteilung der Vollstreckungsklausel erhält er niemals Schreibgebühren.

3 Nach KG. 43, 350, ebenso Mügel A. 2 zu § 111 GKG. alter Fassung, soll das Gericht, falls es nach dem Tode oder Ausscheiden des Notars Vollstreckungsklauseln unter die Urkunden dieses Notars erteilt, Art. 102 PrFGG., nicht nach diesem § 8 GO., sondern gemäß § 108 GKG. nach

den Vorschriften des Deutschen Gerichtskostengesetzes liquidieren, nach dessen Bestimmungen auch die Wertfestsetzung erfolgt. Folgerichtig müßte auch so liquidiert werden, falls der Notar gemäß Art. 97 PrFGG. seine Akten dem Gerichte in Verwahrung gegeben hat. Ich halte diese Entscheidung nicht für richtig, da sie nur dem Wortlaute, nicht aber dem Geiste des Gesetzes und der Sachlage entspricht, so auch früher KG. 26 B 50.

4 Lehnt der Notar die Erteilung der Vollstreckungsklausel ab, so steht ihm keine Gebühr zu, Mügel A. 3 zu § 7 GO. alter Fassung.

§ 9.

4. Entwürfe.

Die für die Beurkundung bestimmte Gebühr wird auch dann erhoben, wenn der Notar auf Erfordern nur den Entwurf einer Urkunde fertigt. Beurkundet er demnächst auf Grund des Entwurfs das Rechtsgeschäft oder erfolgt vor ihm die Anerkennung oder Beglaubigung von Unterschriften oder Handzeichen unter einem von ihm gefertigten Entwurfe, so tritt hierdurch eine Erhöhung der ihm im Falle der Beurkundung zustehenden Gebühren nicht ein. Erfolgt jedoch die Beglaubigung an mehr als einem Tage, so wird für jeden folgenden Tag die Beglaubigungsgebühr besonders berechnet.

1 Der § 9 GO. findet auch auf Entwürfe zu Geschäften der freiwilligen Gerichtsbarkeit Anwendung, die nicht ausdrücklich durch Gesetz dem Notar zugewiesen sind, sofern eine Gebühr für deren Beurkundung bestimmt ist, AbgH. StB. 1690, vgl. A. 2 zu § 1 GO., ferner auch auf Entwürfe von unselbständigen Zusätzen zu bereits anderweit gefertigten Urkunden; maßgebend ist dann der Wert der Änderung des Rechtsverhältnisses, § 38 Abs. 2 GKG., KG. 17, 213. Auch kommt § 36 GKG. zur Anwendung. — Wird ein Entwurf mehrfach umgeändert, so kann dennoch die Entwurfsgebühr nur einmal genommen werden, OLG. 15, 180. Doppelt kann nur ausnahmsweise dann liquidiert werden, wenn der zweite Entwurf ein ganz neues Rechtsgeschäft darstellt, Mügel A. 4 zu § 8 GO. alter Fassung. Auch ein nicht ganz vollendeter Entwurf berechtigt zur Erhebung der Entwurfsgebühr, wenn der Entwurf trotz einzelner Lücken ohne große Mühe durch Ausfüllung der Lücken zur Urkunde gemacht oder wenn die beratende Tätigkeit des Notars als abgeschlossen angesehen werden kann, KG. in DNV. 1907, 102; Bl. f. R. 1906, 81; BürBl. 1906, 221.

2 Bei einseitigen Erklärungen, einseitigen Verträgen kommt, soweit für die Beurkundung des Geschäfts keine andere Gebühr vorgeschrieben ist, die volle Gebühr, bei zweiseitigen Verträgen, Testamenten, Erbverträgen, Familienstiftungen die zweifache Gebühr des § 32 GKG., im Falle

des § 37 GKG. $^5/_{10}$ dieser Gebühr zur Hebung. Bei Entwurf eines Antrags zur Schließung eines zweiseitigen Vertrags, § 35 GKG., werden $^{13}/_{10}$ der Gebühr des § 32 GKG. liquidiert. — Über Vereinbarungsfreiheit s. § 26 Nr. 1 und 2 GO. — Der Abs. 1 gilt auch, wenn ein Rechtsanwalt als solcher den Entwurf fertigt, Art. 13 Ges. v. 28. Okt. 1922 (GS. 410); — vgl. auch § 11 GO. — Der § 9 GO. findet jedoch nur auf Entwürfe für individuell bestimmte Urkunden Anwendung. Fertigt der Notar Formulare, die später zu Urkunden verwendet werden sollen, so findet der § 9 GO. keine Anwendung. Es ist dies eine durch die GO. überhaupt nicht geregelte Tätigkeit. Ihre Abgeltung unterliegt der freien Vereinbarung.

3 Vorausgesetzt wird bei der Fertigung des Entwurfs und der darauf folgenden Beglaubigung der Unterschrift, daß Entwurfsfertigung und Beglaubigung denselben Gegenstand betreffen oder im Gegenstande sich decken, ferner daß sie in einem zeitlichen Zusammenhange stehen Für etwaige Änderungen der Urkunde vor der Beglaubigung erhält der Notar in diesem Falle in der Regel nichts, A. 1 oben. Verlangt die Partei erst nach Ablauf einiger Zeit eine vorher gar nicht beabsichtigte Beglaubigung, so kann der Notar hierfür die Gebühr des § 41 GKG. besonders liquidieren, Schulz A. 5 zu § 8 GO. alter Fassung. Ändert der Notar in einem solchen Falle vor der Beglaubigung die Urkunde ab, so hat er hierfür neben der Beglaubigungsgebühr die Gebühr des § 9 Satz 1 GO. zu erhalten. Dasselbe gilt natürlich, wenn der Notar eine solche Änderung an einer von ihm nicht entworfenen Urkunde vor deren Beglaubigung vornimmt, KG. 16, 208; 17, 214. In den im Eingange dieser A. 3 aufgeführten Regelfällen erhält der Notar für die Beurkundung, Anerkennung oder Beglaubigung nichts, selbst wenn er an einem Tage mehrere Unterschriften beglaubigt, § 41 GKG. Entwirft der Notar zunächst ein Testament und wird er dann mit der Errichtung durch Erklärung zu Protokoll oder durch Übergabe dieses Entwurfs beauftragt, so erhält er jetzt hierfür nichts, s. A. 1 zu § 42 GKG.

4 Bei der Beglaubigung der Unterschriften an mehr als an einem Tage erhält der Notar für jeden der ersten Beglaubigung folgenden Tag, an dem er Beglaubigungen vornimmt, die $^2/_{10}$-Gebühr des § 41 GKG.

5 Die §§ 51, 52 und 53 GKG. sowie § 6 GO. finden Anwendung.

§ 10.

3. Begleitende Anträge, Urkundeneinsendung.

(1) Für die bei den Gerichtsbehörden einzureichenden Anträge behufs Erwirkung einer Eintragung in das Grundbuch oder andere gerichtliche Bücher oder Register oder behufs Erwirkung von Legalisationen, für die Einsendung einer von dem Notar aufgenommenen

Urkunde sowie für die Erledigung von Beanstandungen eines von dem Notar eingereichten oder in einer von ihm eingesandten Urkunde enthaltenen Antrags können Gebühren nicht gefordert werden, wenn der Notar für die Aufnahme der eingesendeten oder seinen Anträgen zugrunde liegenden Urkunde Gebühren bezieht. Dasselbe gilt, wenn die Urkunde von dem Notar entworfen ist.

(2) Wird der Notar in anderen Fällen mit der im Abs. 1 bezeichneten Tätigkeit beauftragt oder ist es notwendig, mit einem Antrag einen das Sach- und Rechtsverhältnis entwickelnden Vortrag zu verbinden, und wird die Einreichung desselben von der Partei verlangt, so erhält der Notar fünf Zehnteile der vollen Gebühr.

(3) Unter Anträgen im Sinne der vorstehenden Bestimmungen sind auch Beschwerden zu verstehen.

1 Der Paragraph enthält nur eine Ausnahme von § 54 GKG. Er enthält im Abs. 1 den Grundsatz, daß alle Anträge und Einsendungen mit Ausnahme der in Abs. 2 des Paragraphen aufgeführten gebührenfreie Nebengeschäfte sind, wenn der Notar für die Aufnahme der eingesendeten oder seinen Anträgen zugrunde liegenden Urkunden oder für den Entwurf dieser Urkunden Gebühren bezogen hat. Die in dem Abs. 1 ausdrücklich als gebührenfrei namhaft gemachten Geschäfte sind nur Beispiele für den allgemeinen Grundsatz. Deshalb erhält der Notar für den Antrag auf Legalisation einer solchen Urkunde auch dann keine besondere Gebühr, wenn er den Antrag auf Legalisation unmittelbar bei dem Justizminister, dem Reichsministerium des Auswärtigen oder dem fremdländischen diplomatischen oder konsularischen Vertreter stellt, KG. 42, 341, vgl. noch die A. 3 zu § 54 GKG.

2 Für Anträge an das Grundbuch kommt § 15 GBO. in Betracht.

3 Andere gerichtliche Bücher sind z. B. die Landgüter- und Höferollen.

4 Wegen der Register s. § 71 FGG. und Art. 70 Abs. 2 PrAG. z. BGB. (Standesregister), § 100 Abs. 2 FGG. (Schiffsregister), § 129 FGG. (Handelsregister), § 147 FGG. (Genossenschaftsregister), § 159 FGG. (Vereinsregister), § 161 FGG. (Güterrechtsregister), § 9 Ges. v. 11. Jan. 1876 (Musterregister), § 13 ff. Pr. Ges. v. 1. April 1879 (Wassergenossenschaftsregister).

5 Über Legalisationen s. § 43 PrAG. z. GVG. vom 24. April 1878, § 7 GKG. Schon die Beglaubigung durch den Landgerichtspräsidenten ist eine Legalisation.

6 Die Einsendung von Urkunden findet z. B. statt in den Fällen der §§ 81 Abs. 2, 1753 Abs. 2, 2003 Abs. 3, 2246, 2277 BGB., Art. 81

§ 2 PrAG. z. BGB., bei Einreichung von beurkundeten Stiftungsgeschäften, Kindesannahmeverträgen, Nachlaßinventaren, Testamenten, Erbverträgen zur gerichtlichen Verwahrung, KG. in DNV. 1907, 318, OLG. 15, 207, oder bei Einreichung eines Vertrags, dessen Gültigkeit von der Genehmigung einer Behörde abhängt, KG. 17, 227.

7 Ist dagegen die Urkunde nur beglaubigt worden, so greift der Abs. 2 des § 10 GO. Platz. In diesem Falle steht dem Notar auch für den bloßen Antrag oder die Einreichung der Urkunde an Gerichtsbehörden, falls diese von den Parteien verlangt wird, $^5/_{10}$ der vollen Gebühr des § 32 GKG. zu, auch wenn er keinen das Sach- oder Rechtsverhältnis entwickelnden Vortrag mit dem Antrage oder der Einreichung verbindet. Die Beglaubigung ist im Gesetze deshalb ausgenommen, weil der Notar keine Kenntnis von der Urkunde nehmen darf, KG. 12, 344; 46, 307. Für Legalisationsanträge steht diese Gebühr nach dem Wortlaute des Gesetzes in diesem Falle dem Notar nur zu, wenn der Antrag bei Gerichtsbehörden, also dem Landgerichtspräsidenten, gestellt wird. Meiner Meinung nach steht sie ihm aber in konsequenter Auslegung des Gesetzes seinem Sinne und der Absicht gemäß auch zu, wenn der Antrag direkt bei der Gesandtschaft oder dem Konsulate des fremden Staats, dem preußischen Justizministerium oder dem Reichsministerium des Auswärtigen gestellt wird. Es folgt dies auch aus der in A. 1 aufgeführten Entscheidung des KG. 42, 341. Müssen mehrere Behörden unterzeichnen, so ist die Gebühr trotzdem nur einmal zu nehmen. Sobald der Notar auch die beglaubigte Urkunde entworfen und hierfür Gebühren bezogen hat, greift die Regel des Abs. 1 Platz; der Notar erhält für diese Anträge und Einreichungen nichts. Dies folgt aus Satz 2 des Abs. 1 des Paragraphen, OLG. 25, 308; KG. 42, 342.

Die zweite Ausnahme ist die, daß mit dem Antrage ein das Sach- und Rechtsverhältnis entwickelnder Vortrag verbunden wird, daß dieser notwendig war und daß die Partei ihn verlangt hat. Alle drei Erfordernisse müssen zusammentreffen. Bloße Anträge auf vormundschaftliche Genehmigung sind gebührenfrei, OLG. 25, 308. Auch die bloße Herzählung und Erläuterung der in den überreichten Urkunden beurkundeten einzelnen Tatsachen und Geschäfte kann als ein solcher Vortrag nicht angesehen werden, Mügel A. 3 Nr. 2 zu § 9 GO. alter Fassung. Es muß also eine rechtliche und tatsächliche Begründung hinzutreten, die darauf gerichtet ist, das Gericht oder die Behörde zu überzeugen, daß der Antrag oder der sonst mit der Eingabe verfolgte Zweck begründet ist. Allzu große Ansprüche sind hierbei aber an die Begründung nicht zu machen, OLG. 35, 243.

Der § 10 Abs. 2 GO. kommt ferner zur Anwendung, sobald der Notar keine Beurkundungen vorgenommen hat, die seinen Anträgen oder Eingaben zugrunde liegen. Dann sind für diese letzteren meiner Meinung nach $^5/_{10}$ der vollen Gebühr zu liquidieren.

8 Die Gebühr ist, wenn eine solche zur Hebung gelangt, immer die halbe Gebühr des § 32 GKG.

9 Nur Beschwerden ohne Begründung sind gebührenfrei. Für die Begründung der Beschwerden gilt das in A. 7 Gesagte gleichfalls. Beschwerden in Fällen, in denen der Notar nicht schon für ein Hauptgeschäft Gebühren bezogen hat, müssen gemäß Abs. 2 des § 10 GO. bezahlt werden. A. M. Mügel A. 6 zu § 9 GO. alter Fassung, der solche Beschwerden nicht zu den Berufsgeschäften des Notars rechnet. Der Wert richtet sich nach dem Gegenstande der Beschwerde und ist, wenn dieser nicht geschätzt werden kann, gemäß § 22 GKG. anzunehmen. Bestand das Hauptgeschäft des Notars nur in einer Beglaubigung, so erhält er meiner Meinung nach sogar für eine Beschwerde ohne Begründung $^{5}/_{10}$ der vollen Gebühr des § 32 GKG.

10 Entsprechend wie für die Anträge an die Gerichte ist jetzt die Gebührenfrage für die Erledigung von Beanstandungen der Anträge geregelt. Der Notar erhält die $^{5}/_{10}$-Gebühr nur, wenn er lediglich die zugrunde liegende Urkunde beglaubigt hat, oder wenn er bei der Erledigung dem Gerichte einen das Sach- und Rechtsverhältnis entwickelnden Vortrag überreicht, der notwendig und von der Partei verlangt sein muß, s. die vorige A.

11 Einsendung, Rücksendung der Urkunden an den Auftraggeber oder Dritte fallen nicht unter § 10 GO., sondern sind stets gebührenfreie Nebengeschäfte, KG. in JW. 24, 61.

§ 11.

6. Auseinandersetzungen.

(1) Für die Vermittlung einer Auseinandersetzung, die dem Notar von dem Gericht oder von den Beteiligten übertragen ist, erhält er das Dreifache der vollen Gebühr. Wird das Verfahren nicht durchgeführt oder beschränkt es sich auf die Ermittlung oder Feststellung einer Masse, so erhält der Notar das Zweifache der vollen Gebühr.

(2) Die Gebühren für die Beurkundung oder den Entwurf eines das Verfahren abschließenden Vertrags oder eines mit einem Dritten geschlossenen Vertrags sowie die Gebühren für Vermögensverzeichnisse, Schätzungen und Versteigerungen werden neben den im Abs. 1 bestimmten Gebühren besonders erhoben. Wird die Vermittlung der Auseinandersetzung dem Notar vom Gericht übertragen, so steht die Anfertigung des Auseinandersetzungsplans dem Entwurfe, die Beurkundung der Auseinandersetzung der Beurkundung eines das Verfahren abschließenden Vertrags gleich.

(3) Neben den im Abs. 1 bestimmten Gebühren werden fünf Zehnteile der vollen Gebühr erhoben, wenn sich ein Beteiligter in einer fremden, im Gerichtsbezirke nicht gebräuchlichen Sprache erklärt. Die Zusatzgebühr sowie die durch die Zuziehung eines Dolmetschers entstandenen Auslagen fallen dem Beteiligten zur Last, der die Zuziehung des Dolmetschers oder die Verhandlung in der fremden Sprache veranlaßt hat.

(4) In Ansehung der Zahlungspflicht und der Verpflichtung zur Leistung von Vorschüssen finden, wenn die Vermittlung der Auseinandersetzung dem Notar von dem Gericht überwiesen ist, dieselben Vorschriften Anwendung, wie wenn die Vermittlung dem Notar von dem Beteiligten übertragen wäre.

1 Eine Auseinandersetzung findet nur da statt, wo zwischen den Beteiligten eine Rechtsgemeinschaft (Gesellschafts-, Bruchteils-, Güter-, Erbengemeinschaft) besteht. Dies folgt aus den Vorschriften der §§ 730, 752 ff., 1471, 1474 ff., 1497, 1546 ff., 1549, 2042 ff. BGB. — Eine Auseinandersetzung findet nicht statt, wenn es sich nur um eine Herausgabe des Vermögens und Rechnungslegung handelt, z. B. zwischen Vor- und Nacherben, § 2130 BGB., Ehemann und Ehefrau bei gesetzlichem Güterstand, Bevollmächtigten und Vollmachtgebern, OLG. 23, 373; KG. 49, 303.

2 Die Gebühr des § 11 GO. steht dem Notar ferner nicht zu, wenn er bloß die schon getroffene Vereinbarung in die entsprechende urkundliche Form bringt, OLG. 7, 250; 15, 205; in diesem Falle erhält er die Gebühren gemäß §§ 32, 33, 34 GKG. — § 11 GO. ist auch maßgebend, wenn ein Rechtsanwalt als solcher die Auseinandersetzung vermittelt, Art. 13 Ges. v. 28. Okt. 1922.

3 Vereinbarungsfreiheit besteht nur im Falle der Übertragung durch Beteiligte, § 26 Nr. 3 GO. — Wert: Es kommt der hierunter abgedruckte § 88 GKG. zur Anwendung; s. A. zu diesem.

4 Im Falle des letzten Satzes des Abs. 1 des § 11 GO. erhält der Notar das Zweifache der vollen Gebühr. Diese Gebühr steht dem Notar schon zu, sobald er mit seinen Verrichtungen begonnen hat. Durchgeführt ist die Vermittelung jedenfalls dann, wenn die Verhandlungen soweit gediehen sind, daß die Auseinandersetzung vom Notar beurkundet werden kann, KG. 37 B 64.

5 Die Entwurfsgebühr steht dem Notar im Falle des Abs. 2 nur zu, wenn er die Beurkundung nicht vornimmt. Für Beurkundung und Entwurf kommen nur der Satz des § 32 GKG. und die Vorschriften der §§ 32 ff. GKG. in Betracht. Ein das Verfahren abschließender Vertrag liegt auch vor, wenn einzelne Gegenstände im gemeinschaftlichen oder im Eigen-

tume einzelner bleiben, KG. v. 15. Nov. 1897 — Y 556/97 — bei Schulz A. 5 zu § 10 GO. alter Fassung.

6 In bezug auf Vermögensverzeichnisse s. § 48 GKG. und A. dazu, in bezug auf Schätzungen § 47 Nr. 5 GKG. und A. dazu, in bezug auf Versteigerungen §§ 44, 45 GKG.

7 In bezug auf den Auseinandersetzungsplan s. § 93 FGG., Art. 23 PrFGG. Durch den Abs. 3 des § 11 GO. ist nunmehr klargestellt, daß bei der Beteiligung Fremdsprachiger die Zusatzgebühr von 5/10 der vollen Gebühr auch im Falle des § 11 GO. erhoben wird. Im Falle des Abs. 2 des § 11 GO. finden die §§ 51, 53 GKG., da es sich um Beurkundungen handelt, ohne weiteres Anwendung. Im Falle des Abs. 1 § 11 GO. muß die Anwendung des § 51 GKG. nach der jetzigen Fassung des Gesetzes nach dem ausdrücklichen Willen des Gesetzgebers für ausgeschlossen erachtet werden.

8 Für die Anfertigung des Auseinandersetzungsplans erhält der Notar 20/10 der Sätze des § 32 GKG. Wird der Auseinandersetzungsplan später beurkundet, so erhält er hierfür keine besondere Vergütung, s. § 9 GO.

9 In bezug auf Vorschuß, Gebühreneinforderung s. §§ 23, 24 GO., Art. 22 Abs. 2 PrFGG. Über Armenrecht vgl. A. 5 zu § 1 GO. Auch wenn das Gericht dem Notar die Auseinandersetzung überträgt, hat es keine Zahlungspflicht dem Notar gegenüber, Mügel A. 9 zu § 10 GO. alter Fassung.

10 Durch die Gebühren des § 11 GO. werden nur die Nachlaßteilung und die zu deren Vorbereitung notwendigen Geschäfte gedeckt. Nicht gedeckt werden Geschäfte des Notars, die nur bei Gelegenheit der Nachlaßteilung vorgenommen werden, wie z. B. Kündigung und Beitreibung von Nachlaßforderungen, Bezahlung von Nachlaßschulden, Entwurf von Quittungen, Zessionen und anderen Verträgen mit Dritten, Schulz A. 6 zu § 10 GO. alter Fassung. Wird mit der Erbauseinandersetzung die eidesstattliche Versicherung behufs Erlangung des Erbscheins beurkundet, so ist für diese besonders zu liquidieren. Ebenso sind die Gebühren für Siegelung, Entsiegelung und Vermögensaufnahme besonders zu berechnen, KV. z. GKG. von 1910 S. 53.

GKG. § 88.

(1) Soweit nicht vorstehend ein anderes bestimmt ist, werden in den unter diesen Abschnitt fallenden Angelegenheiten die Gebühren von dem Betrage der den Gegenstand des Verfahrens bildenden Vermögensmasse ohne Abzug der Schulden berechnet.

(2) Betrifft ein Verfahren mehrere im Zusammenhange stehende Massen, so werden die Werte derselben zusammengerechnet. Die

nach dem Gesamtwerte berechnete Gebühr wird auf die einzelnen Massen nach Verhältnis des Wertes derselben verteilt. Wird die Teilung des Nachlasses eines Ehegatten, welcher in einer Gütergemeinschaft gelebt hat, mit der Auseinandersetzung der Gütergemeinschaft verbunden, so wird bei der Anwendung der Vorschriften dieses Absatzes der Wert der gütergemeinschaftlichen Masse nur zur Hälfte und, sofern dem überlebenden Ehegatten von der gütergemeinschaftlichen Masse ein anderer Bruchteil als die Hälfte zufällt, zu diesem Bruchteil in Ansatz gebracht.

(3) Werden nur einzelne Teile der Masse von den in diesem Abschnitte bezeichneten Gattungen von Geschäften berührt, so werden die Gebühren nur nach dem Werte dieser Teile berechnet.

1 Dieser Paragraph kommt für die Wertberechnung der von einem Notar gemäß § 11 GO. vorgenommenen Auseinandersetzung zur Anwendung, und zwar bei allen Auseinandersetzungen, nicht bloß bei solchen über Erbschaften, A. 1 zu § 11 GO.; Gegenstandswert ist der Wert der Masse, die geteilt wird oder geteilt werden soll zur Zeit der Beurkundung des Teilungsplans, evtl., wenn es nicht zur Teilung kommt, zur Zeit der Beendigung der Tätigkeit des Notars. Vermögensstücke, die im Laufe des Verfahrens ausgeschieden sind, bleiben außer Betracht, KG. in DNV. 1914, 654; Mügel A. 3 zu § 90 GKG.; A. 1 zu § 20 GKG. alter Fassung; KG. in DNV. 14, 654. Die Gebühren für die einzelnen im Laufe des Verfahrens vorkommenden Beurkundungen werden aber besonders nach den für Beurkundungen geltenden Regeln fällig, Bayr. Oberstes Landesgericht in DNV. 1912, 638; a. M. OLG. Colmar in DNV. 1906, 305. Zur Masse gehören auch die Nachlaßforderungen gegen einen Miterben, nicht aber Ausgleichsansprüche, KG. 39 B 57. Der Wert bemißt sich nach dem Bestande der Masse ohne Abzug der Schulden. Dingliche Lasten (Nießbrauch, Grundgerechtigkeiten, Eigentumsbeschränkungen) sollen nach der Ansicht des KG. 25 B 42 abzuziehen sein, weil sie keine Schulden sind. Nicht abzuziehen sind dagegen Vermächtnisse oder Auslagen, denn diese sind wahre Nachlaßschulden.

2 Bei Teilung der gütergemeinschaftlichen Masse zusammen mit dem Nachlasse des verstorbenen Ehegatten wird der Wert der Hälfte der gütergemeinschaftlichen Masse neben dem Werte des Nachlasses, in welchem in diesem Falle der halbe Wert der gütergemeinschaftlichen Masse enthalten ist, nur zur Hälfte in Ansatz gebracht. Beispiel: Wert der gütergemeinschaftlichen Masse (es kommen die allgemeine, die Errungenschafts- und die Fahrnisgemeinschaft in Betracht) 20 000 Goldmark. Sondervermögen des Verstorbenen 10 000 Goldmark. Dann kämen als Wert in Betracht

½ der gütergemeinschaftlichen Masse mit 10 000 Goldmark und der Nachlaß des Verstorbenen, bestehend aus ½ der gütergemeinschaftlichen Masse mit 10 000 Goldmark und dem gesamten Sondervermögen mit 10 000 Goldmark. Der Wert ist also insgesamt 30 000 Goldmark.

§ 12.

7. Ergebnislose Tätigkeit.

(1) Soweit nicht besondere Bestimmungen getroffen sind, erhält der Notar in allen Fällen, in welchen seine Tätigkeit in Anspruch genommen ist und stattgefunden hat, ohne daß das bezweckte Geschäft durch ihn vollzogen ist, fünf Zehnteile der vollen Gebühr; jedoch darf die Gebühr, die für das bezweckte Geschäft zu erheben gewesen wäre, nicht überschritten werden. Unterbleibt nach Fertigstellung des Entwurfs einer Beurkundung die Vollziehung derselben, so finden die Vorschriften des § 9 Anwendung.

(2) Wird ein in der Wohnung oder Amtsstube des Notars anberaumter Termin durch Nichterscheinen, Nichtverhandeln oder Handlungsunfähigkeit eines Beteiligten vereitelt, so werden zwei Zehnteile der vollen Gebühr bis zu einem Höchstbetrage von 20 Goldmark erhoben.

1 Der § 12 GO. schließt den § 52 GKG. ein. Über den Unterschied s. A. 1 zu § 52 GKG.

Die Fälle sind folgende:

a) Der Notar hat einen Entwurf fertiggestellt, dann erhält er stets die Gebühr des § 9 GO., s. A. zu § 9 GO.

b) Der Notar hat keinen Entwurf fertiggestellt; er ist jedoch auf Erfordern tätig geworden, ohne daß das bezweckte Geschäft vollzogen worden ist. Dann erhält er, wenn es sich nicht um Beurkundungen von Rechtsgeschäften handelt, $^5/_{10}$ der vollen Gebühr ohne Bestimmung einer Höchstgrenze. Handelt es sich um beabsichtigte Beurkundungen, so greift § 52 GKG. ein, und er erhält gleichfalls $^5/_{10}$ der vollen Gebühr, aber nur bis zu einer Höchstgrenze von 20 Goldmark; ein höchst merkwürdiges Resultat, dem man nur entgehen kann, wenn man annimmt, daß § 52 GKG. jetzt für Notare überhaupt nicht mehr gilt.

c) Termin ist jede Zeitbestimmung, die der Notar für ein Amtsgeschäft anberaumt hat, z. B. für die Vornahme einer Beurkundung, Mügel A. 6 zu § 11 GO. alter Fassung. Wird ein solcher Termin ohne rechtzeitige Abbestellung vereitelt, so erhält der Notar, wenn der Termin in der Wohnung oder in der Amtsstube des Notars anberaumt ist, hier jetzt

/₁₀ der vollen Gebühr des § 32 GKG., ebenso Schulz A. 5 zu § 11 GO. alter Fassung, höchstens jedoch 20 Goldmark. Neben den Kosten für den vereitelten Termin darf der Notar keine Gebühr für ein etwa vorbereitetes Protokoll liquidieren.

Wird ein Termin außerhalb der Wohnung oder Amtsstube vereitelt, so kommt meiner Meinung nach der erste Absatz des § 12 GO. in Betracht, nach dem dann der Notar $^{5}/_{10}$ der für das Geschäft bestimmten Gebühr erhält. Daneben erhält er noch die Gebühr des § 51 GKG.; a. M. Mügel A. 6 zu § 11 GO. alter Fassung. Kommt ein vereiteltes Geschäft später zustande, so ist die erste Verhandlung als kostenloses Nebengeschäft anzusehen; ebenso Schulz A. 2 zu § 11 GO. alter Fassung. Hat der Notar eine Urkunde entworfen, so erhält er nur die Gebühr des § 9 GO. und im Falle ein Termin zur Aufnahme der Urkunde außerhalb seiner Amtsräume bestimmt war, die Gebühr des § 51 GKG.

2 Erfolgt die Zurücknahme des Auftrags, bevor der Notar tätig geworden ist, so erhält er nichts, Begr. 18.

§ 13.

8. Aufsuchung älterer Akte

Wird die Rückgabe einer Urkunde, die Erteilung einer Ausfertigung, eines Auszugs oder einer Abschrift von einer Urkunde oder die Vorlegung einer Urkunde zur Einsicht ohne deren richtige Bezeichnung länger als ein Jahr nach ihrer Ausstellung beantragt, so sind für die Aufsuchung, wenn es sich um eigene Urkunden des Notars handelt, 1 Goldmark, bei anderen verwahrten Urkunden 1,50 Goldmark für jedes Jahr, auf das sich die Aufsuchung erstreckt, in beiden Fällen mindestens jedoch 2 Goldmark zu entrichten.

Es soll nicht auf die ganz genaue Bezeichnung ankommen, auch eine annähernd richtige Bezeichnung soll genügen, Begr. 95, Schulz A. 1 zu § 12 GO. alter Fassung, meiner Meinung mit Unrecht, es muß entweder die richtige Nummer oder das richtige Datum der Urkunde angegeben werden. In allen Fällen, in denen der Antrag ein Jahr nach der Ausstellung der eigenen Urkunde oder — so muß man ergänzen — nach der Übergabe der fremden Urkunde gestellt wird, erhält der Notar die Mindestgebühr von 2 Goldmark. Muß in zwei Jahrgängen nachgesehen werden, so erhält er bei eigenen Urkunden gleichfalls nur 2 Goldmark, bei fremden 3 Goldmark; kommen drei Jahrgänge in Betracht, bekommt er bei eigenen Urkunden 3 Goldmark, bei fremden 4,50 Goldmark usw. Bei früheren Anträgen erhält der Notar nichts.

§ 14.

9. Geldverkehr.

(1) Für Empfang, Verwahrung und Auszahlung von Geldern erhält der Notar:

1. im Falle des Empfangs zum Zwecke der Auszahlung an dritte Personen für Rechnung des Auftraggebers
   von der auf volle 10 Goldmark aufgerundeten Summe bis zu 1000 Goldmark einschließlich . . . 1 vom Hundert,
   vom Mehrbetrage bis zu 10 000 Goldmark . ½ „ „
   von dem Mehrbetrage . . . . ¼ „ „
   Maßgebend ist für die Umrechnung der Goldumrechnungssatz im Zeitpunkte des Eingangs der Summe;
2. im Falle der Erhebung von dritten Personen für Rechnung des Auftraggebers das Zweifache der vorstehenden Gebührensätze.

(2) Die Gebühr des Abs. 1 wird auch dann erhoben, wenn der Empfang oder die Auszahlung im Banküberweisungs-, Giro- oder Postscheckverkehr erfolgt.

(3) Sind die Gelder im ersten Falle in mehreren Beträgen gesondert auszuzahlen oder im zweiten Falle in mehreren Beträgen gesondert zu erheben, so werden die Gebühren von jedem Betrage besonders berechnet, jedoch mit der Maßgabe, daß in einer und derselben Angelegenheit die Gebühren zusammen das Fünffache der Gebühr des Gesamtbetrags nicht übersteigen dürfen.

(4) Für Empfang, Verwahrung und Ablieferung von Wertpapieren sind die Gebühren des Abs. 1 nach Maßgabe des Wertes zu erheben.

(5) In den Fällen des § 14 findet die Bestimmung des § 3 keine Anwendung.

(6) Die Gebühren dieses Paragraphen werden auf die Gebühr des § 49 Abs. 2 des Preußischen Gerichtskostengesetzes angerechnet.

1 Die Erhebungsgebühr des § 14 Abs. 1 GO. steht dem Notar nicht nur zu, wenn er das Geld (bares Geld, Kassenscheine oder Banknoten) oder die Wertpapiere tatsächlich in Verwahrung erhält. Gibt er, wie es jetzt zumeist üblich ist und immer üblicher werden wird, die Zahlungsanweisung an die Bank, so steht ihm die Gebühr des § 14 Abs. 1 GO. nach der ausdrücklichen Bestimmung des Abs. 3 des § 14 GO. gleichfalls zu. Der Notar erhält die Erhebungsgebühr, wenn das Geld auch noch so kurze Zeit durch seine oder auch nur die Hände seines Bureauvorstehers gegangen ist, Mügel A. 3 zu § 13 GO. alter Fassung. Selbstverständlich kann der Notar die

Erhebungsgebühr nicht für Zahlungen von Kosten, Auslagen oder Stempel an ihn selbst fordern, Mügel A. 4 zu § 13 GO. alter Fassung. Die Gebühren werden jetzt in ganz einfacher Weise nach Prozenten berechnet. — Vereinbarungsfreiheit: § 26 Nr. 5 GO. — Der Fall der Nr. 1 des § 14 Abs. 1 GO. trifft die Erhebung der Gelder vom Auftraggeber behufs Auszahlung an Dritte, der Fall der Nr. 2 die Erhebung von Dritten behufs Auszahlung an den Auftraggeber. Ob dabei die Gelder dem Auftraggeber geschuldet sind, kommt bei der Erhebung von Dritten für den Auftraggeber nicht in Betracht, KG. 18, 182. — Wenn der Notar die Gelder von Dritten für den Auftraggeber erhält und sie an andere für den Auftraggeber weiterzahlt, so kommt nur die Gebühr der Nr. 2 zur Anwendung, Begr. 19, KG. 18, 183. Es kann oft sehr zweifelhaft sein, wer Auftraggeber ist. Ersucht der Hypothekengläubiger den Grundstückseigentümer, das Geld zu einer bestimmten Stunde bei dem Notar zu zahlen, und sendet der Grundstückseigentümer das Geld dem Notar ein, so ist der Eigentümer Auftraggeber; der Notar erhält die Gebühr des § 14 Nr. 1 und nicht die des § 14 Nr. 2 GO., KG. 42, 346 und in DNV. 1912, 362. Für Wertpapiere gilt jetzt gleichfalls die Bestimmung des Abs. 1 des Paragraphen s. Abs. 4 des Paragraphen. — § 14 GO. gilt auch für Rechtsanwälte, die als solche in Angelegenheiten der freiwilligen Gerichtsbarkeit tätig sind, Art. 13 Ges. v. 28. Okt. 1922. — Der gesamte § 14 GO. kommt auch zur Anwendung, wenn Geld oder Wertpapiere bei dem Notar amtlich zu irgendeinem Zwecke hinterlegt werden, um später an den Hinterleger zurückgegeben zu werden. Für Wertpapiere ebenso KG. 33 B 22; § 255 Abs. 2 HGB.; §§ 4 Abs. 2, 10 Abs. 2 RG. v. 4. Dez. 1899; RGBl. 691; a. M. Mügel A. 12, Bartscher A. 7 zu § 13 GO. alter Fassung, die entweder nur die Gebühr für die Bescheinigung über die Hinterlegung oder die Gebühr des § 14 GO. zubilligen. Die hier aufgestellten Regeln gelten gemäß Abs. 2 des Paragraphen auch, wenn der Empfang oder die Auszahlung im Banküberweisungs-, Giro- oder Postverkehr erfolgt. Für andere Zahlungsanweisungen gilt § 16 GO.

2 Die Gebühr des § 14 GO. kommt neben der Gebühr für die Versteigerung beweglicher Sachen, § 45 GKG., für den Empfang des Erlöses durch den Notar — den Fall des § 19 GO. ausgenommen — in Ansatz, AbgH. StB. 1693, 1841. — Werden Zahlungen, die sich aus mehreren einzelnen Beträgen zusammensetzen, auf einmal an den Notar geleistet, so liegt nur eine einmalige Vereinnahmung vor, AbgH. StB. 1693. — In Wegfall kommt die Gebühr im Falle des § 18 Satz 2 GO.

3 Wertpapiere sind nur Urkunden, welche Träger der Forderung selbst sind und als solche einen bestimmten Wert haben, RG. 8, 375, z. B. solche, die in der Regel einen bestimmten Börsenkurs oder Marktpreis haben; nicht aber Sparkassenbücher, Urkunden über Geschäftsanteile einer G. m. b. H., Bankdepotscheine, Hypotheken, Grundschuld- oder

Rentenbriefe, Wechsel, Schecks (das Landgericht II Berlin in DNB. 1914, 646 will den Scheck als Wertpapier im Sinne des § 14 GO. ansehen). Die Verwahrung dieser anderen Papiere ist, wenn sie neben einem anderen Hauptgeschäft, z. B. bei Beurkundung von Hypothekengeschäften, erfolgt, kostenloses Nebengeschäft. Besorgt der Notar nur die Verwahrung, so ist gemäß § 16 GO. zu liquidieren. Der Wert der Urkunde, der nicht immer dem des beurkundeten Geschäfts gleich ist, A. 1 zu § 50 GKG., ist gemäß § 18 GKG. zu schätzen, evtl. gemäß § 22 GKG. anzunehmen.

4 Der Wert der Wertpapiere wird, soweit eine Notierung stattfindet, nach dem Tageskurse, OLG. 25, 310, der Zahlung, § 20 Abs. 8 GKG., KG. 33 B 22, und, wenn ein solcher nicht vorhanden ist, nach dem Marktpreise am Zahlungstage festgestellt. Existiert auch ein solcher Marktpreis nicht, so muß Schätzung gemäß § 18 GKG. stattfinden. Bei Aufbewahrung von Papieren, die während der Aufbewahrungszeit einen verschiedenen Kurs, Marktpreis oder sonstigen Wert gehabt haben, entscheidet für den Wert der Tag der Herausgabe, da mit diesem Tage die Gebühr entstanden ist, Schulz A. 4 zu § 13 GO. alter Fassung. A. M. Mügel N. 6 dazu.

5 Die Gebühr wird gemäß Abs. 5 des Paragraphen nicht auf 2 Goldmark erhöht, die Pfennigbeträge werden nicht abgerundet. Durch § 14 Abs. 3 GO. ist bei der Erhebung oder Auszahlung mehrerer Beträge in derselben Angelegenheit eine Höchstgebühr in Höhe der fünffachen Gebühr des Gesamtbetrags festgesetzt. Dies führt bei fortlaufenden Erhebungen und Auszahlungen zu Schwierigkeiten. Der Notar wird solange die Gebühren erheben, bis der fünffache Betrag gemäß der letzten Zahlung erreicht ist. Bei jeder späteren Zahlung ist dann von neuem der fünffache Betrag festzustellen und die sich ergebende Mehrforderung an Gebühren zu erheben.

6 Über die Anrechnung auf die Gebühr des § 49 GKG. s. A. 3 zu § 49 GKG. Der Text des Abs. 6 des § 14 GO. ist irrig. Es muß heißen § 49 Abs. 3 GKG.

§ 15.

10. Zweiter Notar.

(1) Der zweite Notar, welcher anstatt der Zeugen zugezogen ist, erhält fünf Zehnteile der dem beurkundenden Notare zustehenden Gebühr, daneben zutreffendenfalls Reisekosten sowie die für die Vornahme von Geschäften außerhalb der Wohnung oder Amtsstube bestimmte Zusatzgebühr.

(2) Ist der zweite Notar anstatt der Zeugen ohne ausdrückliches Verlangen der Beteiligten zugezogen, so darf der mit der Beurkundung beauftragte Notar für diese Zuziehung den Beteiligten

nicht mehr als 2 Goldmark für jede angefangene Stunde in Rechnung stellen.

1 In Betracht kommen die §§ 169, 177 FGG., Art. 41 Abs. 2 PrFGG., §§ 2233, 2276 BGB.

2 Über Reisekosten s. § 21 GO.

3 In betreff der Zusatzgebühr für Geschäfte außerhalb der Wohnung oder Amtsstube des Notars s. § 51 GKG. Die Gebühr des § 6 GO. erhält er dagegen nicht.

§ 16.

11. Fehlen einer gesetzlichen Gebühr.

Ist für ein Geschäft des Notars eine Gebühr nicht bestimmt, so werden fünf Zehnteile der vollen Gebühr erhoben, daneben zutreffendenfalls Reisekosten sowie die für die Vornahme von Geschäften außerhalb der Wohnung oder Amtsstube bestimmte Zusatzgebühr.

1 Durch § 16 GO. wird der Grundsatz des § 54 Satz 1 GKG., wonach für Nebengeschäfte nichts berechnet werden darf, nicht berührt. Der § 16 GO. bezieht sich nur auf solche Tätigkeiten, welche den Charakter eines selbständigen Geschäfts haben, KG. 39 B 62; 46, 310. Dies ist zu beachten. Niemals kommt § 16 GO. zur Anwendung, wenn ein Nebengeschäft vorliegt, vgl. die A. 3 zu § 54 GKG. Der § 16 GO. findet Anwendung bei selbständigen Konferenzen und Ratserteilungen, welche nicht lediglich zur Vorbereitung der Aufnahme eines Notariatsakts dienen oder behufs Erledigung eines anderen Hauptgeschäfts erfolgen, z. B. über eine bei einem anderen Notar vorzunehmende Beurkundung, über eine schon vorhandene Urkunde, bei der Anweisung zu Zahlungen, die nicht unter § 14 Abs. 2 GO. fallen, für den Beistand bei einer Auflassung (Wert ist der Wert des Grundstücks), bei materiellen Schreiben, bei Erteilung einer Bescheinigung über die Hinterlegung von Wertpapieren, A. 1 zu § 14 GO., beim Entwurfe eines in einer Generalversammlung oder sonstwo zu stellenden Antrags, KG. 43, 362, bei Beschaffung der Bescheinigung nach § 24 des Grunderwerbssteuergesetzes, KG. 53, 323. Inwieweit für Anträge, Eingaben und Beschwerden die Gebühr des § 16 GO. gefordert werden kann, s. A. 7 bis 9 zu § 10 GO. Für die Bestellung einer Abschrift des Grundbuchblatts ist die Forderung aus § 16 GO., soweit nicht ein bloßes Nebengeschäft vorliegt, vom KG. in NZ. 1913, 91 ausdrücklich anerkannt. Der Wert ist in diesem letzten Falle gemäß § 18 GKG. zu schätzen, evtl. gemäß § 22 GKG. anzunehmen, KB. 8. — Vereinbarung über die Gebühren ist zulässig, § 26 Nr. 5 GO. — Dagegen kann für Vorarbeiten zu später vorgenommenen

gebührenpflichtigen Akten eine Gebühr nicht beansprucht werden; ebensowenig für den sogenannten Betrieb der Sache. Dieser ist stets kostenloses Nebengeschäft, KB. 5; AbgH. StB. 1694; vgl. KG. 17, 249; A. 3 zu § 54 GKG. Die Gebühr des § 16 GO. kann mehrfach zum Ansatz kommen, wenn es sich um mehrere selbständige Geschäfte des Notars handelt, auch wenn diese zur Herbeiführung eines Zweckes vorgenommen werden, z. B. die Stellung von Anträgen zur Einleitung mehrerer Pflegschaften, um die Löschung einer Hypothek herbeizuführen, Mügel A. 3 zu § 15 GO. alter Fassung. — Vgl. § 89 GO. f. RA. und Art. 14 des Preuß. GO. f. RA. v. 28. Okt. 1922. Über Nebengeschäfte s. A. 3 zu § 54 GKG.

2 Der § 16 GO kommt ferner nur dann zur Anwendung, wenn das Geschäft zur Berufstätigkeit des Notars gehört. Bei einem Notar, der zugleich Rechtsanwalt ist, ist in jedem einzelnen Falle festzustellen, ob er als Rechtsanwalt oder als Notar in Anspruch genommen wird. Als Notar wird er im Zweifel stets in Anspruch genommen, wenn es sich um eine Urkundstätigkeit oder eine Tätigkeit, für die der Notar als solcher besonders zuständig ist, handelt, s. A. 1 zu § 1 GO.

3 Über volle Gebühr s. § 32 GKG., über Tagegelder und Reisekosten § 21 GO., über Geschäfte außerhalb der Wohnung oder Amtsstube § 51 GKG. Der § 6 GO findet dagegen hier keine Anwendung.

§ 17.

12. Gutachten.

Für die Ausarbeitung eines Gutachtens mit juristischer Begründung hat der Notar angemessene Vergütung zu beanspruchen. Über die Höhe der Vergütung wird im Prozeßweg entschieden.

1 Der § 17 GO. ist dem § 88 GO. f. RA. nachgebildet, nur daß er selbstverständlich nicht die Anhörung des Vorstandes der Anwaltskammer vorschreibt.

2 Der typische Fall notarieller Begutachtung ist die Beantwortung der Frage, in welcher Weise ein beabsichtigtes Rechtsgeschäft am besten formell zum Ausdruck oder zur Beurkundung gebracht werde, AbgH. StB. 1695. Wird zu solchem Zwecke vom Notar ein Entwurf des Aktes erfordert, so findet § 9 GO. Anwendung. Über die Frage, ob ein Notar, der zugleich Rechtsanwalt ist, als Notar oder als Rechtsanwalt gehandelt hat, s. A. 1 zu § 1 GO.

3 Nach § 25 GO. findet eine Festsetzung der Gebühren durch das Amtsgericht nicht statt. Der Vereinbarung einer Vergütung steht § 26 GO. nicht entgegen. Sie ist schon nach der Wortfassung und dem Sinne des § 17 GO. ohne weiteres zulässig, ebenso Mügel A. 4 zu § 16 GO. alter Fassung.

§ 18.

13. Vermittlung von Darlehen.

Im Bezirke des Oberlandesgerichts zu Köln und der Landgerichte zu Düsseldorf, Elberfeld, Cleve, Crefeld, München-Gladbach erhält der Notar für die Vermittlung eines hypothekarischen Darlehens, wenn nicht eine geringere Vergütung vereinbart ist, bis zur Summe von 10000 Goldmark ein vom Hundert der Darlehnssumme, von dem Mehrbetrage bis 50000 Goldmark einhalb vom Hundert und von dem Mehrbetrage darüber hinaus ein Viertel vom Hundert. Steht dem Notar die Vermittlungsgebühr zu, so kommt die Gebühr für die Verwahrung von Geld (§ 14) in Wegfall.

1 Ist die Vermittelung übertragen, das Geschäft aber nicht zustande gekommen, so ist die Gebühr nicht zu zahlen. Der Notar erhält in diesem Falle überhaupt nichts, KG. 27 B 69. Zur Entstehung der Gebühr ist nötig, daß der Notar entweder dem Darlehnsnehmer oder dem Darlehnsgeber die andere Vertragspartei nachgewiesen hat oder durch seine Unterhandlungen die Einigung der Parteien erzielt hat, Mügel A. 2 zu § 17 GO. alter Fassung; OLG. Köln in NZ. 95, 127. Bei Darlehn außer bei Baugelddarlehn gehört zur Entstehung des Gebührenanspruchs auf Grund des § 18 GO. ferner noch, daß das Darlehn tatsächlich gegeben worden ist, KG. 42, 340; RG. 76, 354 und in JW. 1911, 758[15]; s. speziell für Baugelddarlehn RG. in JW. 1912, 240[8], KG. in Bl. f. R. 1897, 106.

2 Übernimmt ein nichtrheinischer Notar eine solche Vermittelung, so halte ich es für unbedenklich, daß die Bestimmungen des § 18 GO. im Wege der Analogie zur Anwendung kommen. — Es erscheint mir wenig logisch, ein Geschäft, das in einem Teil eines Landes anständig und ehrenwert erscheint, in einem anderen, weil es bisher nicht üblich war, für nicht anständig und nicht standesgemäß zu halten.

3 Die Vereinbarung einer höheren Vermittelungsgebühr als derjenigen des § 18 GO. ist unzulässig. Ebenso Beushausen S. 56. Erhält der Notar die Vermittelungsgebühr, so fällt die Gelderhebungsgebühr des § 14 fort.

§ 19.

14. Übernahme persönlicher Haftung.

(1) Soweit es den Notaren gestattet ist, die persönliche Haftung für von ihnen zu erhebende Kauf- und Pachtgelder zu übernehmen, erhält der Notar:

1. bei Versteigerungen beweglicher Gegenstände fünf vom Hundert des Erlöses;
2. bei Versteigerungen unbeweglicher Gegenstände ein vom Hundert des Erlöses;
3. bei Verpachtungen im Wege der Versteigerung zwei vom Hundert der erhobenen Pachtgelder.

(2) Diese Gebühren umfassen die Vergütung für die gesamte Tätigkeit des Notars bei der Versteigerung; sie sind nur dann zu erheben, wenn nicht eine geringere Vergütung vereinbart ist.

1 Nach Art. 89 Abs. 2 PrFGG. sind dies diejenigen Notare, die ihren Amtssitz in Ostfriesland und Harlingerland sowie im Regierungsbezirk Osnabrück haben, bei Gegenständen, die sich in diesen Landesteilen befinden. Den übrigen Notaren ist die Übernahme einer Gewährleistung in Geschäften, die sie beurkunden, gemäß Art. 89 Abs. 1 PrFGG. ausdrücklich verboten.

2 Daneben kommen also weder die Gebühren der §§ 44, 45, 51, 53 GKG., § 6 GO. noch die des § 14 GO. zur Anwendung. Die baren Auslagen werden neben der Gebühr des § 19 GO. erhoben, Begr. 21, ebenso Brathuhn A. 2 und 3 zu § 18 GO. alter Fassung.

3 Die Vereinbarung einer höheren Gebühr als die des § 19 GO. ist ausgeschlossen.

§ 20.

15. Auslagen und Schreibgebühren.

(1) Außer den Gebühren kann der Notar nur den Betrag der erforderlichen Stempelabgaben und der von ihm in Marken entrichteten Gerichtskosten sowie die notwendigen baren Auslagen berechnen.

(2) Die Kosten des Schreibwerks werden in der Regel nicht durch Schreibgebühren ersetzt. Nur für solche Ausfertigungen und Abschriften, die auf besonderen Antrag erteilt werden oder für Finanzbehörden bestimmt sind, erhält der Notar Schreibgebühren, jedoch hat bei Beurkundungen und Entwürfen von zweiseitigen Rechtsgeschäften die Erteilung von je zwei Ausfertigungen oder Abschriften und bei sonstigen Beurkundungen die Erteilung je einer Ausfertigung oder Abschrift schreibgebührenfrei zu erfolgen. Die Schreibgebühr beträgt für die Seite, die mindestens zweiunddreißig Zeilen von durchschnittlich fünfzehn Silben enthält, 0,20 Goldmark, auch wenn die

Herstellung auf mechanischem Wege stattgefunden hat. Jede angefangene Seite wird als voll berechnet. Für Schriftstücke, die in fremder Sprache abgefaßt sind, für Schriftstücke in tabellarischer Form sowie für Verzeichnisse, Listen, Rechnungen, Handzeichnungen und dergleichen kann die Höhe der Schreibgebühr durch den Justizminister anderweit bestimmt werden. Die auf die besondere Ausstattung einer Urkunde verwendeten Auslagen, insbesondere diejenigen, welche durch Verwendung von Pergamentpapier entstehen, sind besonders zu erstatten. Der Justizminister wird ermächtigt, bei einer erheblichen Veränderung der wirtschaftlichen Verhältnisse die Schreibgebühr zu erhöhen oder zu ermäßigen.

(3) Von den Postgebühren des Notars sind nur Telegraphengebühren, die im Fernverkehre zu entrichtenden Fernsprechgebühren, die im Verkehre mit dem Ausland entstehenden Gebühren und die Übersendungsgebühren für Ausfertigungen, Abschriften und vorgeschriebene Mitteilungen, die für Finanzbehörden bestimmt sind, zu berechnen.

1 Der Notar erhält keinen Pauschsatz mehr. Neben seinen Gebühren erhält er nur:

2 Die erforderlichen Stempelabgaben. Diese soll sich der Notar nach § 28 Abs. 1 der AusfBest. z. StStG. möglichst im voraus zahlen lassen. Hat er sie aber, wie dies bei geringeren Beträgen meistens üblich ist, verauslagt, so hat er ein Recht auf Erstattung.

3 Die Gerichtskosten, die er in Gerichtskostenmarken bezahlt hat. Der Notar kann selbstverständlich die Kosten wie jeder andere Beteiligte in Marken entrichten. Diese Entrichtung wird im Interesse der Vereinfachung der Kostenerstattung von den Behörden gewünscht und gefördert. Sie ist auch dringend zu empfehlen, weil sie viele Geschäfte, z. B. Hypothekenregulierungen, bedeutend vereinfacht. Vgl. jetzt die JMV. über Herstellung und Verwendung besonderer Kostenmarken für Rechtsanwälte und Notare v. 24. Nov. 1916 in JMBl. 320. Nach dieser Verfügung werden zum Gebrauche für Rechtsanwälte und Notare besondere Kostenmarken hergestellt und den Notaren besondere Erleichterungen bei Verwendung von Kostenmarken gewährt. Für die Verwendung wird gemäß § 6 der Verf. für jede Kostenforderung eine besondere Vergütung von 20 Pf. gewährt, die an die Hilfskasse für deutsche Rechtsanwälte bezahlt wird. Die Vergütung für die rheinischen Notare wird an den Pensionsverein für rheinische Notare in Köln gezahlt, § 10 der Verf. Vgl. auch noch die Kostenmarkenordnung v. 4. Okt. 1913, JMBl. 385, deren § 6 Abs. 4 nunmehr aufgehoben ist.

4 Die notwendigen baren Auslagen. Zu diesen gehören vor allem die Gerichtskosten, die der Notar in bar bezahlt oder die vom Gericht von ihm durch Nachnahme erhoben werden. Es gehören ferner dazu die einem Dolmetscher gezahlte Entschädigung, sofern dessen Zuziehung erforderlich gewesen ist a) wegen Unbekanntschaft des Notars mit der fremden Sprache, §§ 9, 179 FGG., Art. 84 PrFGG., b) bei Beurkundung einer Verfügung von Todes wegen wegen Unbekanntschaft einer mitwirkenden Person mit der fremden Sprache, § 2245 BGB., c) weil der Beteiligte am Sprechen verhindert und schriftliche Verständigung mit ihm nicht möglich gewesen ist, §§ 8, 178 FGG., Art. 84 PrFGG., § 188 GVG. Daneben kommt die Gebühr aus § 53 Abs. 1 GKG. in Ansatz. Die nach Art. 86 PrFGG. vom Notar besorgte Beeidigung des Dolmetschers ist nur ein Nebengeschäft und deshalb gebührenfrei, § 54 GKG. — Bare Auslagen sind ferner die Zustellungsgebühren, auch wenn diese durch Nachnahme von der Post erhoben werden. Der rheinische Notar darf bei Versteigerungen einen Ausrufer erst zuziehen, wenn die Parteien damit einverstanden sind, oder nachdem die Parteien vergeblich aufgefordert sind, einen Ausrufer zu stellen. Nur in diesen Fällen kann der Notar die dem Ausrufer gezahlte Vergütung ersetzt verlangen, Mügel A. 5 zu § 19 GO. alter Fassung. Nicht zu den baren Auslagen gehören die Fuhrkosten im Sinne des § 80 RGO., Tagegelder und Reisekosten, die der Notar gemäß § 21 GO. bezieht; s. auch A. 5 zu § 51 GKG. Für die Leistung von Vorschüssen kann der Notar keine besondere Vergütung verlangen, Mügel A. 6 zu § 19 GO. alter Fassung. Alle Auslagen, die der Notar ersetzt verlangen kann, müssen notwendige gewesen sein.

5 Nicht ersetzt bekommt der Notar regelmäßig seine Portokosten, seine Telephongebühren. Er hat sie regelmäßig aus eigener Tasche zu tragen, sei es, daß die Sendungen an das Gericht, anderweitige Behörden, die Parteien oder Dritte gehen. Er hat sie zu tragen, sei es, daß es sich um einfache oder eingeschriebene Briefe, Wertbriefe, einfache, eingeschriebene oder Wertpakete, Geldsendungen oder Rohrpostsendungen handelt. Selbstverständlich kann er auch nichts für die Verpackung, Adressierung oder Sendung zur Post berechnen Es kommt auch nicht darauf an, ob der Notar beurkundet oder bloß beglaubigt oder eine sonstige Tätigkeit ausgeübt hat, KG. in JW. 24, 61, a. M. Ostermeyer A. dazu.

Ausgenommen sind nur

a) alle Telegraphengebühren,

b) Fernsprechgebühren im Fernverkehr, also nicht im Orts-, Vororts-, Nachbarschafts- und Bezirksverkehr, Beushausen S. 61,

c) die Übersendungskosten für Ausfertigungen, Abschriften und vorgeschriebene Mitteilungen, die der Notar amtlich an das Finanzamt zu senden hat. Bei Nachnahmen kann der Notar, wenn die Zusendung durch Nachnahme verlangt wird, den Portobetrag, der denjenigen einer gewöhnlichen Sendung übersteigt, in Rechnung stellen, KG. in JW. 24, 61,

d) sämtliche im Verkehr mit dem Auslande entstehenden Postgebühren, also Porti, Telegramm- und Telephongebühren,

e) wenn die Haupttätigkeit gebührenfrei ist, wie unter Umständen die Erteilung von Ausfertigungen und Abschriften nach Beendigung des Geschäfts, § 13 GO. Denn in diesem Falle kann das Porto nicht durch die nichtgezahlten Gebühren mitgedeckt sein. Dasselbe muß auch in den Fällen gelten, in denen er nur Schreibgebühren erhält, da diese nicht als Gebühren angesehen werden können, durch die noch anderweitige Auslagen gedeckt werden.

Es handelt sich ferner nur um Postgebühren, die der Notar bei Absendung verauslagt. Dagegen fällt das Eingangsporto, das durch Eingaben, Gesuche und Anträge der Partei an den Notar entsteht, derjenigen Partei zur Last, die an den Notar schreibt. Vgl. die genau so lautende, von der Kommission gebilligte Erklärung der Regierungsvertreter in Beziehung auf die Gerichtskosten im KB. z. GKG. von 1910 S. 60; derselbe Grundsatz muß auch für Notare gelten und ist noch dahin auszudehnen, daß der Notar auch Portokosten, die durch Gerichtssendungen an ihn entstehen, ersetzt verlangen kann. Diese Zahlungen sind als bare Auslagen anzusehen. Vgl. auch JMV. v. 18. Aug. 1910 (JMBl. 326).

6 Nicht ersetzt bekommt der Notar in der Regel die umfangreichen Kosten seines Schreibwerks. Er bekommt nichts für die oft umfangreiche Korrespondenz mit Behörden, Beteiligten und Dritten. Eine Ausnahme ist für solche Ausfertigungen und Abschriften gemacht, die für Finanzbehörden bestimmt sind. Für diese erhält er Schreibgebühren, A. 7. Er erhält ferner Schreibgebühren für Ausfertigungen und Abschriften, die auf besonderen Antrag erteilt werden. Jedoch hat er bei Beurkundungen und Entwürfen von zweiseitigen Rechtsgeschäften, A. 1 zu § 33 GKG., zwei Ausfertigungen oder zwei Abschriften und bei allen sonstigen Beurkundungen eine Ausfertigung oder eine Abschrift kostenlos zu erteilen. Erst wenn mehr als die pflichtmäßigen Ausfertigungen oder Abschriften erfordert werden, kann er Schreibgebühren fordern, aber nur für diese Urkunden, nicht etwa für ein Begleitschreiben dazu; a. M. Beushausen S. 60. Alles übrige Schreibwerk ist durch die Hauptgebühr gedeckt. Gedeckt sind insbesondere das Schreibwerk bei Beglaubigungen, alle diejenigen Schreiben und Niederschriften, die zur Erledigung des Hauptgeschäfts und der damit verbundenen Nebengeschäfte notwendig waren. Gedeckt ist das Schreibwerk für die vorbereitende Tätigkeit des Notars behufs Aufnahme von Urkunden, z. B. für die Beschaffung von Grundbuch- und Katasterauszügen, standesamtlicher Urkunden, für die Ladung von

Parteien, für die begleitende Tätigkeit, z. B. die Schreiben, in denen eine Ratserteilung enthalten ist, sowie die sonstigen Korrespondenzen, KG. 46, 310. Auch für Schreiben an dritte Personen, die zur Erledigung eines Geschäfts nötig sind, dürfen keine Schreibgebühren liquidiert werden, ebenso nicht für Anzeigen von der Erledigung des Geschäfts an Parteien und an Dritte. Auch die Übersendung von Urkunden an das Gericht, Behörden, Parteien, Dritte oder deren Bevollmächtigte nach Beendigung des Geschäfts ist nur Nebengeschäft, für das keine Schreibgebühren genommen werden können. Denn die zur Erledigung der Nebengeschäfte erforderliche Schreibarbeit ist durch die Gebühr für das Hauptgeschäft abgegolten.

Ebenso sind abgegolten und schreibgebührenfrei nach Beendigung des Geschäfts alle Benachrichtigungen und die Begleitschreiben bei der Übersendung von Urkunden an Behörden, Beteiligte oder Dritte. Alles dies sind aber nur Beispiele. Es können nirgends Schreibgebühren genommen werden als dort, wo es das Gesetz ausdrücklich gestattet. Für Mahnschreiben wegen Zahlung der Gebühren kann der Notar Schreibgebühren und Porti liquidieren, da diese nicht mehr durch die Hauptgebühr gedeckt sind; ebenso Beushausen S. 60.

7 Die Schreibgebühr beträgt jetzt nach der Verordnung v. 28. Juni 1924 (GS. 573) für die Seite 0,20 Goldmark. Die Seite soll mindestens 32 Zeilen von je 15 Silben enthalten. Jede angefangene Seite wird als voll gerechnet. Das Schreibwerk kann auch auf mechanischem Wege hergestellt werden.

In Beziehung auf die Berechnung der Schreibgebühren für Schriftstücke in fremder Sprache, in tabellarischer Form, Verzeichnisse, Listen, Rechnungen, Handzeichnungen und dergl., sofern solche erhoben werden dürfen, kommt Nr. 3 der JMV. v. 17. Aug. 1910 (JMBl. 325) gemäß der JMV. v. 30. Mai 1911 (JMBl. 224) in Betracht. Der für die Herstellung des Schreibwerks erforderliche Zeitaufwand ist zu schätzen. Der so ermittelte Zeitaufwand wird in der Weise in Seiten umgewandelt, daß jede Stunde Arbeitszeit mit fünf Seiten, jede angefangene Fünftelstunde mit einer Seite berechnet wird. Die Schreibgebühr für jede Seite beträgt 20 Pf.

§ 21.

16. Tagegelder und Reisekosten.

Für Geschäftsreisen des Notars stehen ihm Reisekosten nach den Vorschriften der §§ 78 bis 81 der Gebührenordnung für Rechtsanwälte vom 7. Juli 1879 (Reichsgesetzbl. S. 176) mit der Maßgabe zu, daß die Kosten auf mehrere Geschäfte nach der Bestimmung im

§ 112 des Preußischen Gerichtskostengesetzes zu verteilen sind. Die Vorschrift des § 112 findet hinsichtlich der Notariatsgeschäfte auch dann Anwendung, wenn auf einer Reise gleichzeitig Rechtsanwaltsgeschäfte erledigt werden.

Die §§ 78 bis 81 der Gebührenordnung für Rechtsanwälte lauten in der Fassung vom 1. Juni 1924:

78. Bei Geschäftsreisen erhält der Rechtsanwalt Tage- und Übernachtungsgelder sowie Fahrkosten nach den für die Reichsbeamten der Stufe III (§ 2 Abs. 2 der Reisekostenverordnung für die Reichsbeamten vom 14. Oktober 1921 — Reichsgesetzbl. S. 1345 —) geltenden Sätzen sowie Abwesenheitsgelder in Höhe von 10 Goldmark für den Tag.

Beansprucht die Geschäftsreise nicht mehr als vier Stunden, so ermäßigen sich das Tagegeld und das Abwesenheitsgeld je um die Hälfte.

79. Die Fuhrkosten werden für die Hin- und Rückreise besonders berechnet.

Abs. 2 und 3 des § 79 finden auf Notare keine Anwendung.

80. Für Geschäfte am Wohnorte stehen dem Rechtsanwalte weder Tagegelder noch Fuhrkosten zu; dasselbe gilt von Geschäften außerhalb des Wohnortes in geringerer Entfernung als zwei Kilometer von demselben.

War der Rechtsanwalt durch außergewöhnliche Umstände genötigt, sich eines Fuhrwerks zu bedienen, oder waren sonstige notwendige Unkosten, wie Brücken- oder Fährgeld, aufzuwenden, so sind die Auslagen zu erstatten.

Für einzelne Ortschaften kann durch die Landesjustizverwaltung bestimmt werden, daß den Rechtsanwälten bei den nicht an der Gerichtsstelle vorzunehmenden Geschäften die verauslagten Fuhrkosten zu erstatten sind.

81. Bei Berechnung der Entfernungen wird jedes angefangene Kilometer für ein volles Kilometer gerechnet.

Durch Verordnung vom 29. Nov. 1924 sind die Tage- und Übernachtungsgelder bei Dienstreisen der Beamten mit Wirkung v. 1. Dez. 1924 neu festgesetzt worden, und zwar für die Stufe III: das Tagegeld für Reisen nach besonders teuren Orten auf 12 ℳ, nach anderen Orten auf 10 ℳ, das Übernachtungsgeld ebenso auf 9 ℳ und 5 ℳ, die Vergütung für ein Kilometer Landweg auf 0,20 ℳ. Diese Sätze kommen also vom 1. Dezember 1924 ab nach § 78 der Rechtsanwaltsgebührenordnung auch für Geschäftsreisen der Rechtsanwälte und gemäß § 21 GO. auch für Notare in Anwendung. Unverändert bleibt das durch die 13. Verordnung auf 10 ℳ festgesetzte Abwesenheitsgeld. Die neuen Sätze sind aus der nachstehenden Übersicht zu ersehen.

Reisen nach besonders teuren Orten		Reisen nach anderen Orten		Abwesenheitsgeld	Reisen von weniger als vier Stunden Dauer			Vergütung für 1 km Landweg
Tagegeld	Übernachtungsgeld	Tagegeld	Übernachtungsgeld		Tagegeld teure Orte	Tagegeld sonst	Abwesenheitsgeld	
12	9	10	5	10	6	5	5	0,20

Der wesentliche Inhalt der Verordnung v. 14. Okt. 1921 (RGBl. 1345) ist in den Anmerkungen wiedergegeben.

GKG. § 112.

(1) Ist ein und dieselbe Reise durch mehrere Geschäfte veranlaßt, so werden die Tagegelder und Fahrkosten der Gerichtspersonen gleichmäßig nach der Zahl der Geschäfte auf dieselben verteilt und nur die entsprechenden Teilbeträge von den Zahlungspflichtigen erfordert. In den Fällen des zweiten Abschnitts ist jedoch mindestens die im § 51 bestimmte Gebühr zu erheben. Die Zahlungspflichtigen haften in allen Fällen als zweite Schuldner für die einem anderen zur Last fallenden Teilbeträge bis zur Höhe der Tagegelder und Fahrkosten, welche bei abgesonderter Ausführung des Geschäfts entstanden wären.

(2) Sind mehrere Geschäfte auf derselben Reise an verschiedenen Orten ausgerichtet, so werden die Fahrkosten auf die mehreren Geschäfte, durch welche die Reise veranlaßt ist, nach Verhältnis derjenigen Beträge verteilt, welche bei abgesonderter Erledigung jedes dieser Geschäfte an Fahrkosten entständen wären.

(3) Insoweit die Reisen im Interesse der Gerichtsverwaltung, insbesondere wegen eintretender Behinderung eines Beamten, erfolgen müssen, wird von den Parteien nichts erhoben.

1 Die Vergütung von Geschäftsreisen des Notars außerhalb des Wohnorts und die Erstattung von Fuhrkosten innerhalb des Wohnorts werden durch die §§ 21 GO., 78 bis 81 RGO. und 112 GKG. geregelt. Es finden daher die Bestimmungen des GKG. für die Gerichte auf Notare nur Anwendung, soweit es sich um Erledigung mehrerer Geschäfte auf einer Reise handelt, im übrigen gelten die für Rechtsanwälte gegebenen Vorschriften. Diese sind oben abgedruckt. Es gilt jetzt die Verordnung v. 29. Nov. 1924.

2 Es ist zu unterscheiden, ob der Notar das Geschäft an seinem Wohnort oder außerhalb des Wohnorts verrichten muß.

a) Innerhalb seines Wohnorts und außerhalb desselben in geringerer Entfernung als 2 km erhält er in der Regel keine Vergütung, wenn er ein Fuhrwerk benutzt. Er darf für die Benutzung eines Fuhrwerks nur liquidieren, wenn ihn außergewöhnliche Umstände hierzu berechtigen, z. B. das Gebot besonderer Eile, Krankheit des Notars, besonders schlechtes Wetter, Amtieren zur Nachtzeit, außerdem dann, wenn die Justizverwaltung für die betreffende Ortschaft die Erstattung zugelassen hat; s. hierüber A. 6 zu § 49 GKG. Die 2 km werden von der Weichbildgrenze des Ortes, in dem der Notar seinen Amtssitz hat, bis zu der Stelle gerechnet, wo das Geschäft vorgenommen wird, KG. 21 B 38.

b) Außerhalb seines Wohnortes in größerer Entfernung als 2 km (s. A. 2 a) erhält der Notar Reisekosten. Dieses Wort faßt jetzt Tagegelder, Nachtquartier und Fahrkosten zusammen. Der Notar erhält jetzt:

a) an Tagegeldern für jeden angefangenen Kalendertag für Reisen nach besonders teuren Orten 12 Reichsmark, sonst 10 Reichsmark. Dauert die Reise nicht länger als vier Stunden, so erhält er nur die Hälfte. Bei Reisen auf zwei oder mehrere Tage erhält er für Hin- und Rückreisetag je ein volles Tagegeld, wenn die Hinreise vor 6 Uhr nachmittags angetreten oder die Rückreise nach 12 Uhr mittags beendet worden ist;

b) an Übernachtungsgeld mit derselben Einteilung 9 Reichsmark oder 5 Reichsmark. Dies erhält der Notar auch, wenn er kein Nachtquartier genommen hat, insofern die Hinreise vor 3 Uhr morgens angetreten oder die Rückreise nach 2 Uhr morgens beendet wird. Der Notar erhält das Übernachtungsgeld nicht, wenn die Reise lediglich zur Vornahme während der Nacht ausgeführt wird oder dem Notar die Kosten für Benutzung eines Schlafwagens erstattet werden;

c) an Fuhrkosten, soweit der Notar sie auf Eisenbahnen, Schiffen oder sonstigen regelmäßigen Verkehrsmitteln zurücklegt, die wirklich entstandenen Kosten. Er darf auf Schiffen die erste, in Eisenbahnen die zweite Klasse benutzen. Kleinbahnen und Straßenbahnen sind den Eisenbahnen gleichzuachten, OLG. Breslau in JW. 1917, 863. Für Wegestrecken, die er nicht in dieser Weise zurücklegen kann, erhält er für jedes angefangene Kilometer des Hin- und Rückwegs 0,20 Goldmark. Der Notar muß die oben aufgeführten Beförderungsmittel benutzen, soweit dies irgend zulässig ist. Ist er genötigt, sich eines Fuhrwerks, zu denen auch Automobile gerechnet werden müssen, zu bedienen, so werden ihm die Unkosten in angemessenen Grenzen ersetzt;

d) weitere Unkosten, insbesondere für den Zu- und Abgang zu und von der Eisenbahn, erhält er gleichfalls in angemessenen Grenzen ersetzt. Bestimmte Sätze existieren nicht;

e) er erhält auch die Kosten für Beförderung und Versicherung des notwendigen Gepäcks erstattet;

f) schließlich erhält er auch noch Abwesenheitsgelder in Höhe von 10 Reichsmark den Tag.

3 Die Reisekosten einerseits, die Wegegebühr des § 49 GKG. und die Zusatzgebühr des § 51 GKG. anderseits sind eine auf die andere anzurechnen, KG. 17, 252; s. insbesondere A. 5 zu § 51 GKG. und die dort aufgeführten Entsch. des KG. 42, 353; JMBl. 1912, 351; DNV. 1914, 644. Dieselbe Regel gilt auch für die Kosten eines Fuhrwerks, die der Notar nach § 80 RGO. ersetzt verlangen kann, A. 5 zu § 51 GKG.

4 Reisekosten und Ersatz des Fuhrwerks kann der Notar nicht nur, wenn sie für Hauptgeschäfte, sondern auch, wenn sie für Nebengeschäfte entstanden sind, ersetzt verlangen.

5 Ist ein und dieselbe Reise durch mehrere Geschäfte veranlaßt, so treten folgende Regeln ein:

a) Reisekosten und die Kosten eines Fuhrwerks sowie die Gebühr des § 51 GKG. können nur erhoben werden für solche Geschäfte, zu denen der Notar bestellt ist. Für Geschäfte, die er nur gelegentlich einer Reise vornimmt, kann er diese Bezüge nicht fordern, A. 1 zu § 51 GKG.

b) Sind mehrere Geschäfte der ersten Art auf derselben Reise erledigt, so werden Reisekosten oder Fuhrwerkskosten nach der Zahl der Geschäfte verteilt. Der Notar darf aber bei den einzelnen Geschäften nicht mehr nehmen, als die Nebenkosten bei abgesonderter Erledigung des Geschäfts betragen hätten. An einem Orte werden drei Geschäfte erledigt. Die Reisekosten betragen 30 Reichsmark. Auf jedes Geschäft entfallen 10 Reichsmark. Oder es waren vier Geschäfte. Tagegelder 12 Reichsmark, Kosten eines Fuhrwerks hin und zurück 20 Reichsmark — zusammen 32 Reichsmark. Auf jedes Geschäft entfallen 8 Reichsmark. — Der Notar bleibt drei Tage an einem Orte. Er erhält 36 Reichsmark Tagegelder, 27 Reichsmark Nachtquartier, 6 Reichsmark Zu- und Abgang, 9 Reichsmark Fahrkosten, zusammen 78 Reichsmark. Er erledigt zwei Geschäfte, auf jedes Geschäft würden nach der Regel 39 Reichsmark entfallen. Ein Geschäft wäre in einem Tage zu erledigen gewesen, ohne daß der Notar hätte zu übernachten brauchen. Er hätte hierfür nur 12 ℳ Tagegelder, 6 ℳ Zu- und Abgang, 9 ℳ Fahrkosten erheben dürfen. Er kann deshalb hierfür nicht mehr als 27 Reichsmark fordern. Die Differenz darf er meiner Meinung nach bei den anderen Geschäften hinzurechnen. Die Anrechnung auf die Zusatzgebühr des § 51 GKG. kann nur so erfolgen, daß die Zusatzgebühren mit den Reisekosten für sämtliche Geschäfte zusammenzurechnen sind. Sind diese dann höher als die Reisekosten oder Fuhrwerkskosten, so hat der Notar die Zusatzgebühren zu nehmen, s. A. 5 zu § 51 GKG. Er kann nicht etwa für ein Geschäft die Zusatzgebühr und für die anderen die auf diese entfallenden Teile der Reisekosten nehmen.

c) Sind mehrere Geschäfte auf derselben Reise an verschiedenen Orten erledigt, so werden Reise- oder Fuhrwerkskosten auf die verschiedenen Geschäfte anteilsweise nach Verhältnis derjenigen Beträge verteilt, die bei abgesonderter Erledigung für jedes Geschäft an solchen Bezügen entstanden wären. Die Tagegelder werden dagegen nach der Zahl der Geschäfte wie bei a verteilt. Der Notar darf aber bei dem einzelnen Geschäft nicht mehr nehmen, als es gekostet haben würde, wenn er es allein ausgeführt hätte; jedoch muß er dafür mindestens die Zusatzgebühr des § 51 GKG. erhalten.

d) Führt der Notar mehrere Reisen von seinem Wohnort besonders an demselben Tage aus, so erhält er für jede Reise die vollen Reisekosten besonders ausgezahlt.

e) Erledigt ein Notar, der zugleich Rechtsanwalt ist, auf einer Reise gemäß b oder c zugleich Notariats- und Rechtsanwaltsgeschäfte, so werden die Notariatsgeschäfte so berechnet, als wenn die Rechtsanwaltsgeschäfte Notariatsgeschäfte wären. Für die Rechtsanwaltsgeschäfte findet dagegen § 79 Abs. 2 und 3 RGO. Anwendung.

f) Bei der Erledigung mehrerer Geschäfte für denselben Auftraggeber kommen die zu a bis e aufgestellten Grundsätze entsprechend zur Anwendung. Die Kosten werden danach auf die einzelnen Geschäfte verteilt.

6 Verzeichnis der besonders teueren Orte. Stand vom 1. Juni 1924 (Reichsbesoldungsblatt 1923 S. 225).

a) Städte:

Aachen, Altona, Augsburg, Barmen, Berlin, Bochum, Braunschweig, Bremen, Breslau, Cassel, Chemnitz, Coblenz, Crefeld, Cuxhaven, Dortmund, Dresden, Duisburg, Düsseldorf, Elberfeld, Emden, Erfurt, Essen, Flensburg, Frankenthal (Pfalz), Frankfurt a. Main, Fürth, Gelsenkirchen, Hagen i. Westf., Halle a. S., Hamborn, Hamburg, Hannover, Kaiserslautern, Karlsruhe, Kiel, Köln, Königsberg i. Pr., Konstanz, Landau (Pfalz), Leipzig, Lübeck, Ludwigshafen, Magdeburg, Mainz, Mannheim, Mülheim a. Ruhr, München, München-Gladbach, Münster, Neustadt (Haardt), Nürnberg, Oberhausen, Offenbach, Oppeln, Pirmasens, Plauen, Rheydt, Saarbrücken, Speyer, Stettin, Stuttgart, Trier, Wandsbek, Wiesbaden, Wilhelmshaven-Rüstringen, Zweibrücken.

b) Nordseeinseln:

Borkum, Juist, Neuwerk, Norderney, Wangerooge, Helgoland, Hooge, Langenees, Amrum, Föhr, Sylt.

§ 22.

17. Zeugengebühr.

Für jeden bei einer notariellen Beurkundung zugezogenen Zeugen kann die diesem gezahlte Gebühr in Rechnung gestellt werden.

1 Vgl. A. 1 zu § 15 GO.

2 Die Gebühr ist nicht mehr auf einen Höchstbetrag beschränkt. Sie hat sich in angemessenen Grenzen zu halten. Überschreitet sie unter Berücksichtigung aller Umstände des Falles diese Grenzen, so fällt der unangemessene Mehrbetrag dem Notar zur Last. Können in einem Notfalle, z. B. bei der Testamentserrichtung, keine Zeugen zu angemessenen Preisen beschafft werden, so würde der Beteiligte auch den unangemessenen Betrag tragen müssen, hat aber natürlich das Recht, aus Gründen des bürgerlichen Rechts den zuviel geforderten Betrag von den Zeugen zurückzuverlangen.

§ 23.

18. Vorschuß.]

(1) Der Notar kann von seinem Auftraggeber einen angemessenen Vorschuß zur Deckung seiner Gebühren und baren Auslagen, der von ihm etwa in Marken zu entrichtenden Gerichtskosten und der Stempelabgaben fordern und, falls dieser Vorschuß nicht gezahlt wird, die Übernahme des Auftrags verweigern. Die Aushändigung von Ausfertigungen sowie die Rückgabe der aus Anlaß des vorzunehmenden Geschäfts vorgelegten Urkunden kann der Notar verweigern, wenn nicht vorher die Gebühren, Auslagen, Gerichtskosten und Stempelabgaben bezahlt worden sind.

(2) Über eine auf Grund des Abs. 1 erklärte Weigerung des Notars wird im Aufsichtsweg entschieden.

1 Dem Notar stehen zur Sicherung seiner Forderung an Gebühren und Auslagen, zu denen auch die Stempelkosten und die Reichsabgabe, A. 5 zu § 20 GO., gehören, zwei Mittel zur Verfügung, das Recht, Vorschuß zu fordern, und das Zurückbehaltungsrecht. Beide Rechte fallen fort, sobald der Notar im Armenrecht amtiert, A. 5 zu § 1 GO. Auch für Stempelauslagen kann er dann keinen Vorschuß fordern, da er gar nicht verpflichtet ist, Stempel zu verauslagen. Er braucht nur Anzeige zu machen, daß die Stempelkosten nicht bezahlt sind. Ebenso verhält es sich mit den Gerichtskosten. Ebenso Beushausen S. 66.

2 Der Vorschuß kann sowohl vor Übernahme des Auftrags als auch während dessen Ausführung gefordert werden. Jedoch soll nach allgemeiner Ansicht, Mügel A. 2, Brathuhn A. 5 zu § 23 GKG., der Notar

nur dann, wenn der Vorschuß vorher gefordert ist, berechtigt sein, die Übernahme des Geschäfts abzulehnen. Ich kann diese Meinung nicht für unbedingt richtig erachten. In besonders krassen Fällen, z. B. in solchen, bei denen der Notar von vornherein betrogen werden sollte oder bei denen der Auftraggeber grob fahrlässig gehandelt hat, wird man dem Notar das Recht nicht nehmen können, bei Nichtzahlung des Vorschusses auch nach Beginn des Amtsgeschäfts dessen Fortführung abzulehnen. Er wird jedoch stets das nobile officium wahren und prüfen müssen, ob durch sein Verfahren nicht die Interessen des Auftraggebers zu schwer verletzt werden. Der Justizminister hat nach NZ. 1914, 7 es für unzulässig erachtet, daß der Notar die Erteilung der Vollstreckungsklausel verweigert, wenn die Gebühren für das ursprüngliche Geschäft nicht gezahlt sind, vgl. Art. 83 Abs. 1, Art. 22 Abs. 2 PrFGG. Sind für Einsicht der Akten und Erteilung von Abschriften oder Ausfertigungen ausnahmsweise besondere Kosten zu zahlen, so kann der Notar auch diese Amtsgeschäfte von der Zahlung eines Vorschusses abhängig machen, Landgericht Köln in NZ. 1912, 114; vgl. jedoch A. 3.

3 Das Zurückbehaltungsrecht des Notars erstreckt sich auf die Erteilung von Ausfertigungen sowie auf diejenigen Urkunden, die ihm aus Anlaß des betreffenden Geschäfts übergeben sind. Er hat auch hierbei sein nobile officium zu wahren. Er darf sein Rückbehaltungsrecht nicht wegen ganz geringer Beträge und auch dann nicht ausüben, wenn sein Anspruch in keinem Verhältnis zu den durch die Zurückbehaltung verletzten Interessen des Klienten stehen. Er kann es auch nicht wegen verjährter Forderungen ausüben; auch dies würde sich für die von ihm zu wahrende Standeswürde nicht schicken. Er darf auch nicht Urkunden zurückbehalten, weil er wegen eines früheren Geschäfts nicht gedeckt ist. Deshalb darf er, wenn ihm eine Urkunde zur Erteilung der Vollstreckungsklausel übergeben ist, diese Urkunde nicht zurückbehalten, auch wenn er für die Aufnahme der Urkunde selbst noch nicht bezahlt ist, s. A. 2. Das Zurückbehaltungsrecht steht dem Notar nicht nur gegen seinen ursprünglichen Schuldner, sondern gegen jeden sowohl Universal- wie Singularrechtsnachfolger desselben zu. Denn sonst könnte er durch eine einfache Schiebung um sein Recht gebracht werden. Es besteht ferner jedem Beteiligten gegenüber, gleichgültig, ob dieser Kostenschuldner ist oder nicht, OLG. Köln in NZ. 1911, 71 und DNV. 1912, 363.

4 Hat der Notar seinem Auftraggeber Geld zu zahlen, so kann er hiervon einen angemessenen Vorschuß und nach Beendigung des Geschäfts seine Gebühren abziehen. Nicht dagegen darf er diese Abzüge von Geld machen, das ihm von seinem Auftraggeber zur Auszahlung an Dritte übergeben ist. Einem Auftraggeber im Armenrecht kann der Notar den Abzug nur machen, wenn infolge der Zahlung der Auftraggeber so gestellt

ist, daß er keinen Anspruch auf Armenrecht mehr hat. Bei Streit ist diese Frage im Prozeßwege zu entscheiden.

5 Über die Aufsicht s. Art. 91 PrFGG.: Landgerichtspräsident, Oberlandesgerichtspräsident, Justizminister. — Die Zulässigkeit des Rechtswegs wegen des Anspruchs auf Rückgabe der Urkunde wird hierdurch nicht ausgeschlossen, Begr. 22.

§ 24.

19. Gebühreneinforderung.

(1) Die Einforderung der Gebühren und Auslagen ist nur zulässig, wenn vorher oder gleichzeitig eine von dem Notar unterschriebene Berechnung derselben mitgeteilt wird. In dieser Berechnung ist der Wert des Gegenstandes, die zur Anwendung gebrachte Gebührenvorschrift, der Betrag der angesetzten Gebühren und der in Marken entrichteten Gerichtskosten, der Auslagen und Stempel sowie der empfangene Vorschuß anzugeben. Wird eine Stundengebühr berechnet, so ist die auf das Geschäft verwendete Zeit anzugeben.

(2) Der Notar hat eine den Erfordernissen des ersten Absatzes entsprechende Berechnung zu seinen Akten zu bringen und unter jeder von ihm erteilten Ausfertigung sowie unter jedem Beglaubigungsvermerk aufzustellen. Hat der Notar eine Urkunde entworfen und demnächst beglaubigt, so sind auch die Kosten des Entwurfs unter der Beglaubigung zu vermerken.

1 Über die Natur des Rechtsverhältnisses zwischen Notar und Auftraggeber s. A. 3 zu § 1 GO., über Verjährung A. 1 zu § 20 GKG.

2 Der Schuldner wird erst durch Mitteilung der Gebührenrechnung in Verzug gesetzt, § 284 BGB. — Wird vor der Einforderung der Gebühren eine Ausfertigung oder bei der Beglaubigung diese mitgeteilt, so bedarf es neben der auf diesen enthaltenen Berechnungen einer besonderen Gebührenrechnung nicht, Begr. 23. Hat eine Vereinbarung über die Vergütung gemäß § 26 GO. stattgefunden, so hat meiner Meinung nach der Notar überhaupt keine Gebührenrechnung aufzustellen, sondern nur zu vermerken, daß seine Tätigkeit durch Zahlung einer vereinbarten Summe abgegolten ist. Von den Aufsichtsbehörden wird aber vielfach die Angabe der vereinbarten Summe unter den Urkunden und den Ausfertigungen verlangt.

3 Der letzte Satz des Paragraphen paßt nicht zum Inhalt des § 9 GO. Der Notar hat bei Entwurf und Beglaubigung nur einmal die volle Gebühr, die er bekommt, in die Rechnung aufzunehmen.

§ 25.

20. Gebührenfestsetzung.

(1) Der Präsident des Landgerichts, in dessen Bezirke der Notar seinen Amtssitz hat, kann die Berechnung der Gebühren und Auslagen des Notars nnd den von diesem in Ansatz gebrachten Wert des Gegenstandes von Amts wegen berichtigen.

(2) Auf Antrag des Zahlungspflichtigen setzt der Präsident des Landgerichts, in dessen Bezirk der Notar seinen Wohnsitz hat, die Gebühren und Auslagen des Notars fest. Der Notar kann die Festsetzung beantragen, wenn der Zahlungspflichtige gegen die Höhe der berechneten Gebühren und Auslagen oder gegen den in Ansatz gebrachten Wert des Gegenstandes Erinnerungen erhoben hat.

(3) Die Bestimmungen in Abs. 1 und 2 finden keine Anwendung auf die im § 17 vorgesehene Vergütung des Notars.

(4) Der Landgerichtspräsident entscheidet nach Anhörung der Beteiligten; die Entscheidung ergeht gebührenfrei. Der Beschluß ist von Amts wegen dem Notar und dem Zahlungspflichtigen zuzustellen.

(5) Gegen die Entscheidung des Landgerichtspräsidenten (Abs. 1 und 2) findet die sofortige Beschwerde unter sinngemäßer Anwendung der §§ 569 bis 575, 577 der Zivilprozeßordnung statt. Für die Entscheidung über die Beschwerde ist das Kammergericht ausschließlich zuständig.

(6) Die Einlegung von Beschwerden kann in allen Fällen zum Protokolle des Gerichtsschreibers oder schriftlich ohne Mitwirkung eines Anwalts erfolgen.

(7) Der rechtskräftige Beschluß bestimmt endgültig über die Höhe der Gebühren und Auslagen.

(8) Gegen die Entscheidungen des Landgerichtspräsidenten, welche die Frage betreffen, ob für eine Ausfertigung oder Abschrift Schreibgebühren erhoben werden können, findet keine Beschwerde statt.

1 Darüber, ob eine gerichtliche Festsetzung der Gebührenforderung stattzufinden hat, entscheidet lediglich die Liquidation des Notars. Sie ist Gegenstand des Festsetzungsverfahrens. Auch wenn der Streit sich nur um Einzelheiten dreht, ist über sie im ganzen zu entscheiden. Über den Höchstbetrag der Rechnung kann die Entscheidung nicht hinausgehen, KG. 29 B 19; OLG. 11, 351; 19, 273. Ohne eine Liquidation kann eine Festsetzung nicht stattfinden. Wenn streitig sein sollte, ob der Notar als solcher überhaupt Notariatsgebühren liquidieren durfte, entscheidet der Landgerichtspräsident zunächst hierüber. Sagt er nein, so ist damit seine Tätigkeit erledigt, KG. 25 B 46. In eine Prüfung, ob der Notar etwa als Rechtsanwalt Gebühren zu erheben berechtigt gewesen wäre, hat er nicht einzutreten, KG. 42, 354; 43, 362. Daher ist ein Gesuch, Gebühren festzusetzen, die von vornherein als Rechtsanwaltsgebühren bezeichnet sind, unzulässig. Sind in einer Rechnung Rechtsanwalts- und Notariatsgebühren vereint aufgestellt, so sind die Rechtsanwaltsgebühren von der Entscheidung ganz auszuschließen, KG. 42, 353; 18, 160. Glaubt der Notar, daß er trotz der Festsetzung der Gebühren als Notariatsgebühren in seiner Eigenschaft als Rechtsanwalt zu liquidieren berechtigt sei, so kann er deswegen klagen und das Prozeßgericht kann trotz rechtskräftigen Festsetzungsbeschlusses des Präsidenten über dessen Zuständigkeit entscheiden, da es sich um die sachliche Zuständigkeit handelt, über die im Prozeßwege entschieden werden kann, KG. 43, 364. Die Festsetzung ist auch nach Bezahlung der Kostenrechnung zulässig, KG. 24 B 31. Ausgeschlossen ist die Festsetzung nicht nur in dem Falle des § 17 GO., sondern auch in dem des § 26 GO., OLG. 15, 209; a. M. Mügel A. 17 zu § 25 GO. alter Fassung.

2 Die Festsetzung erfolgt nur wegen der Höhe der Gebühren und Auslagen oder wegen des in Ansatz gebrachten Wertes des Gegenstandes, KG. 37 B 29. Sie kann sich auf die Festsetzung des Wertes allein beschränken, KK. 1, 95. Wird nur bestritten, daß der Beteiligte die Dienste des Notars in Anspruch genommen hat, oder daß dieser die Dienste geleistet hat, oder wird behauptet, daß der Notar durch ungeschickte Beurkundung mehr Kosten als nötig verursacht hat, so ist das Verfahren des § 25 GO. nicht gegeben, KG. 29 B 59; OLG. 11, 351; KG. 42, 350. Dagegen ist es nicht ausgeschlossen, die Frage, wer zahlungspflichtig ist, im Festsetzungsverfahren insoweit zu erörtern, als der Betrag der Gebühr von ihr abhängt, jedoch ohne Bindung für den Prozeßrichter, z. B. bei Streit, ob im Falle des § 51 GKG. der Beteiligte vom Notar verlangt hat, außerhalb seiner Geschäftsräume zu handeln, oder ob er tatsächlich außerhalb dieser Räume gehandelt hat, oder ob im Falle des § 14 GO. der Zahlende oder der Empfänger der Auftraggeber war, KG. 37 B 28; DNV. 1912, 303; KG. 42, 346, 350. Weder Überflüssigkeit noch Auftragswidrigkeit einer Beurkundung ist im Festsetzungsverfahren zu prüfen, OLG. 11, 346, 348, 351. Das Gericht hat daher z. B. nicht zu prüfen, ob eine eidesstattliche Versicherung im einzelnen Falle notwendig war, KG. 43, 336; NZ. 1913, 205. Dagegen ist im Festsetzungsverfahren zu prüfen, ob die tatsächlichen Voraussetzungen vorliegen, die eine Gebühr rechtfertigen, ob also diejenige Tätigkeit geleistet ist, von der die Gebühr abhängt. Hängt die Gebühr ausnahmsweise auch von dem Erfolge der Tätigkeit ab, wie bei § 18 GO. (A. 1 zu § 18 GO.), so ist auch zu prüfen, ob dieser Erfolg erzielt ist, KG. 42, 350. Ist Zahlungs-

pflicht und Höhe der Kosten streitig, so ist über die Höhe der Kosten, aber nur über diese, im Festsetzungsverfahren zu entscheiden, Mügel A. 4 zu § 25 GO. Daß der bestrittene Wert vom Auftraggeber selbst angegeben ist, hindert nicht dessen Bemängelung durch diesen selbst und das Festsetzungsverfahren, KG. v. 4. Jan. 1897 — Y 561/96 — bei Schulz A. 7 zu § 25 GO.

3 Das Verfahren erfolgt entweder von Amts wegen durch den Präsidenten des Landgerichts, in dessen Bezirk der Notar seinen Amtssitz hat, oder auf Antrag.

4 Der Antrag kann nur von dem Gebührenschuldner oder von dem Notar gestellt werden, von letzterem aber wieder nur, wenn der Schuldner die Höhe der Gebühren oder die Auslagen oder den festgestellten Wert des Gegenstandes bemängelt, A. 2. Bei Wechselprotesten kann der spätere Empfänger des Wechsels, der ihn zwar eingelöst, aber die Protestaufnahme nicht beantragt hat, das Festsetzungsverfahren nicht beantragen, KG. in DNV. 1906, 307. Als Bemängelung würde ich auch das Bestreiten in einem Prozesse ansehen. Das Festsetzungsverfahren ist keine Voraussetzung des Prozesses. Jede Partei kann klagen, ohne vorher ein Festsetzungsverfahren zu beantragen. Der Prozeßrichter kann das Verfahren nur aussetzen, wenn ein Festsetzungsverfahren bereits schwebt, nicht aber zu dem Zwecke, daß es anhängig gemacht wird. Ist im Festsetzungsverfahren der Wert des Streitgegenstandes oder die Höhe der Gebühren rechtskräftig festgesetzt, so ist diese Festsetzung für den Prozeßrichter maßgebend. Ist eine Entscheidung des Prozeßgerichts rechtskräftig geworden, so ist das Festsetzungsverfahren einzustellen. Werden zufällig zwei voneinander abweichende Entscheidungen des Prozeßgerichts und des Landgerichtspräsidenten rechtskräftig, so ist nur die des Prozeßgerichts wirksam. Denn sie ist nicht nichtig, sondern nur unrichtig; sie behält wie jede andere unrichtige Entscheidung ihre Wirksamkeit und ist insbesondere vollstreckbar. Der nicht vollstreckbare Festsetzungsbeschluß ist dem Prozeßurteile gegenüber machtlos.

5 Nur Gebühren und Auslagen, die gemäß der GO. liquidiert sind (A. 1), kann der Landgerichtspräsident festsetzen. Immer nur solche Auslagen können festgesetzt werden, welche im Rahmen der Berufstätigkeit des Notars entstanden sind, KG. 25 B 46; 45, 376. Zu diesen Auslagen gehören z. B. die Schreibgebühren des § 20 GO., die Reisekosten des § 21 GO. Keine solchen Auslagen sind nach KG. 45, 375 die bar bezahlten Fuhrwerkskosten und der Botenlohn, den der Notar zur Beschaffung von Stempeln verwendet, A. 2 zu § 1 GO.

Die verauslagte Stempelsteuer und die Umsatzsteuer unterliegen nicht der Festsetzung und Prüfung des Präsidenten, KG. 36 B 43; KK. 1, 101.

6 Das Festsetzungsverfahren erster Instanz ist gebührenfrei. Bare Auslagen sind dagegen zu ersetzen, da diese nicht zu den Gebühren gehören. Jedoch dürfen Auslagen von dem Notar nicht ersetzt verlangt werden, falls die Festsetzung durch den Präsidenten von Amts wegen erfolgt. Denn dann ist weder der Notar Antragsteller im Sinne des Gesetzes, noch erfolgt die Festsetzung in seinem Interesse; sie geschieht vielmehr im öffentlichen Interesse, LG. I Berlin in DNV. 1912, 860.

7 Für das Verfahren ist in erster Instanz jetzt der Präsident des Landgerichts zuständig, in dessen Bezirk der Notar seinen Amtssitz hat. Bei Veränderung des Amtssitzes ist der Präsident desjenigen Landgerichts zuständig, in dessen Bezirke der Notar zur Zeit der Eröffnung des Verfahrens seinen Amtssitz hat, KG. 18, 157.

8 Das Verfahren erster Instanz ist auch jetzt noch das der freiwilligen Gerichtsbarkeit und nicht etwa ein solches im Aufsichtswege. Es wird durch das PrFGG. geregelt. Für die Ablehnung eines Richters findet der Art. 1 PrFGG. in Verbindung mit § 6 FGG. Anwendung, OLG. 23, 286. Beantragt der Notar das Verfahren, so muß er das die Erinnerung des Zahlungspflichtigen enthaltende Schreiben vorlegen, KG. v. 21. Nov. 1898 — Y 588/98 — bei Schulz A. 5 zu § 25 GO. Der § 25 GO. schreibt noch besonders die Anhörung der Beteiligten vor. Sind mehrere Beteiligte, so müssen sie sämtlich gehört werden. Beteiligte sind der Notar und sämtliche Zahlungspflichtige, KG. 39 B 55. Die Vorschrift ist wesentlich; ihre Verletzung führt ohne weiteres zur Aufhebung der Entscheidung, KG. 28 B 42; OLG. 5, 309; a. M. KG. in DNV. 1914, 647, für den Fall, daß dem Beteiligten, der nicht gehört worden ist, der Beschluß zugestellt worden ist und er sodann die sofortige Beschwerde eingelegt hat. Über die Zustellung des Beschlusses von Amtswegen, die gleichfalls wesentlich ist, KG. 28 B 42; OLG. 5, 39; s. die §§ 208 bis 213 ZPO. Der Beschluß ist nicht vollstreckbar. Über die Zahlungspflicht ist — abgesehen von der Frage der Höhe der Gebühren und Auslagen und des Wertes des Gegenstandes, deren Nachprüfung im Prozesse ausgeschlossen ist — im Prozeßwege zu entscheiden, KG. 24 B 33. Für seine Mühewaltung im Festsetzungsverfahren, die der Notar im eigenen Interesse vornimmt, kann er keine Entschädigung verlangen. Mügel A. 14 zu § 25 GO. will ihm Erstattung seiner Auslagen zubilligen, falls die Kosten dem Gegner auferlegt worden sind. Der Landgerichtspräsident kann seinen Beschluß weder auf Antrag noch von Amtswegen ändern. Die formal rechtskräftigen Beschlüsse des Präsidenten und des Kammergerichts sind endgültig. Auch wenn das Gericht für die Erhebung der Gerichtskosten den Wert anders festsetzt, ist eine Änderung ausgeschlossen, KG. 50, 273.

9 Gegen den Beschluß des Landgerichtspräsidenten gibt es jetzt nur noch ein Rechtsmittel, die sofortige Beschwerde direkt an das Kammergericht. Für das Verfahren und die Entscheidung über sie finden die Vorschriften der ZPO. über das Beschwerdeverfahren Anwendung. Es gilt also die Notfrist von zwei Wochen, die für jeden Beteiligten besonders von der Zustellung an ihn ab läuft. Liegen die Erfordernisse der Nichtigkeits- oder der Restitutionsklage vor (§§ 578 ff. ZPO.), so kann die sofortige Beschwerde auch nach Ablauf der Notfrist innerhalb der für diese Klagen geltenden Notfristen erhoben werden. Die Einlegung erfolgt durch Beschwerdeschrift oder Erklärung zu Protokoll des Gerichtsschreibers sowohl beim Landgerichtspräsidenten wie beim Kammergericht. Die Mitwirkung oder Unterschrift eines Rechtsanwalts ist nicht erforderlich. Der Präsident ist zur Abänderung seines Beschlusses nicht mehr befugt; neue Tatsachen sind zugelassen; die Entscheidung kann ohne vorgängige mündliche Verhandlung erfolgen. Das Verfahren bleibt jedoch ein Verfahren der freiwilligen Gerichtsbarkeit. Es finden also, abgesehen von den für anwendbar erklärten besonderen Bestimmungen der ZPO., die allgemeinen Grundsätze des Verfahrens der freiwilligen Gerichtsbarkeit Anwendung, KG. in OLG. 8, 375; Bayer. Oberst. LG. im Recht 1906, 1442. — Der Landgerichtspräsident, der die Entscheidung getroffen hat, ist von der Teilnahme an der Beschlußfassung über die Beschwerde nach Art. 1 PrFGG., § 6 FGG. nicht ausgeschlossen, KG. 17, 203; jedoch steht es ihm nach § 6 Abs. 2 FGG. frei, sich der Ausübung seines Amtes wegen Befangenheit zu enthalten. Die Beteiligten haben jedoch kein Ablehnungsrecht, KG. 51, 894. — Für das Beschwerdeverfahren können Gerichtskosten nach §§ 108 Nr. 3 GKG. gemäß dem DGKG. erhoben werden. Wird ein Festsetzungsbeschluß auf Beschwerde abgeändert, so können die Kosten dem Unterliegenden auferlegt werden. Geschieht dies nicht, so ist der Beschluß zweiter Instanz gebührenfrei ergangen; die Auslagen trägt in diesem Falle nach § 1 GKG. der Beschwerdeführer, KG. 41, 379 und NZ. 1906, 33. Die Aufsichtsbehörde des Notars hat kein Beschwerderecht und auch kein Recht, den Notar anzuweisen, gegen einen Beschluß Beschwerde einzulegen, Mügel A. 8 zu § 25 GO. Die Beschwerde ist nur gegen den Tenor des Beschlusses, nicht gegen dessen Begründung zulässig, KG. v. 22. Juli 1898 — Y 393/98 — bei Schulz A. 11 zu § 25 GO. Die Beschwerde kann auf Tatsachen und Rechtsgründe gestützt werden. Die Anführung neuer Tatsachen und Beweise ist zulässig. Mit der Entscheidung des Kammergerichts ist das Verfahren beendet.

10 **Die Frage, ob für eine Ausfertigung oder Abschrift Schreibgebühren gemäß § 20 GO. gefordert werden können, wird durch den Landgerichtspräsidenten endgültig entschieden.**

§ 26.

21. Vereinbarungsfreiheit.

(1) Der Betrag der Vergütung des Notars kann abweichend von den Vorschriften dieser Gebührenordnung durch Vertrag festgesetzt werden, wenn es sich handelt:

1. um die Beurkundung von letztwilligen Verfügungen, Erbverträgen, Eheverträgen, Familienstiftungen, Familienschlüssen, Satzungen oder Beschlüssen von Korporationen, Vereinen, Gewerkschaften, Gesellschaften oder Genossenschaften oder der Organe derselben (Aufsichtsräte usw.);
2. um die Entwürfe zu den unter 1 bezeichneten Beurkundungen;
3. um eine von den Beteiligten dem Notar übertragene Vermittlung einer Auseinandersetzung;
4. um die Beurkundung des Herganges bei Verlosungen, bei Auslosung oder Vernichtung von Wertpapieren und bei Wahlversammlungen;
5. um ein unter §§ 14 oder 16 dieser Gebührenordnung fallendes Geschäft.

(2) Durch die zugesicherte Vergütung sind die baren Auslagen mit abgegolten, falls nicht eine entgegenstehende Vereinbarung getroffen ist.

(3) Der Auftraggeber ist an die Vereinbarung nur gebunden, soweit er dieselbe schriftlich geschlossen hat. Hat der Notar durch den Vertragsschluß die Grenze der Mäßigung überschritten, so kann die durch Vertrag festgesetzte Vergütung im Prozeßwege bis auf den in diesem Gesetze bestimmten Betrag herabgesetzt werden.

1 Das Gesetz läßt eine Vereinbarung nur in denjenigen Fällen zu, welche im § 26 GO. aufgeführt sind, und zwar eine Erhöhung und eine Ermäßigung. Außerdem ist nur eine Ermäßigung noch besonders in den §§ 18, 19 GO. gestattet. Der Notar kann, wenn eine Vereinbarung nicht zustande kommt, seine Dienste nicht ablehnen, und zwar bei keinem der Geschäfte, für die er als Notar zuständig ist und deren Abgeltung nach der GO. erfolgt. A. M. Mügel A. 6 zu § 26 GO., der eine Verweigerung bei Diensten, die keine reinen Amtsgeschäfte sind, zuläßt. Richtig ist, daß der Notar Nebengeschäfte, A. 2 und 3 zu § 54 GKG., die er nur gewohnheitsmäßig verrichtet, ablehnen und sich nur auf die Hauptgeschäfte, z. B. die Beurkundung, beschränken kann. Nach der jetzigen Auffassung des Kammergerichts über Nebengeschäfte spielt diese Frage aber keine wesentliche Rolle

mehr. s. A. zu § 54 GKG. — Der § 26 GO. bezieht sich nur auf diejenige Tätigkeit, für welche die GO. bestimmt ist. Bei sonstiger Tätigkeit des Notars ist freie Vereinbarung über die Zahlung nicht nur erlaubt, sondern erforderlich, A. 2 zu § 1 GO. Die Vereinbarung kann vor oder nach Erledigung des Geschäfts getroffen werden. Die Vereinbarung nach Erledigung des Geschäfts ist häufig die sachgemäßere, da sich dann erst übersehen läßt, welche Mühewaltung für das Geschäft notwendig gewesen ist; ebenso Mügel A. 3 und Schulz A. 2 zu § 26 GO.

2 Zur Wahrung der Form genügt das schriftliche Versprechen des Zahlungspflichtigen; der Notar braucht seine Zustimmung nicht schriftlich zu erteilen. Ein mündliches Versprechen des Zahlungspflichtigen ist unverbindlich. Eine bloße schriftliche Erklärung des Notars hat keinen Wert, KG. in DNV. 1905, 808. Hat der Zahlungspflichtige gezahlt, obwohl er kein schriftliches Versprechen gegeben hat, so kann er meiner Meinung nach nur auf Grund des § 814 BGB. zurückfordern, wenn er irrtümlich, d. h. in dem Glauben gezahlt hat, daß er zur Zahlung verpflichtet gewesen sei. Hat er gezahlt, obwohl er wußte, daß keine Zahlungspflicht für ihn bestand, so schenkt er und kann nicht zurückfordern. A. M. Mügel A. 3 zu § 26 GO., der die Zurückforderung in jedem Falle für zulässig hält.

3 Bei der Entscheidung der Frage, ob der Notar die Grenzen der Mäßigung überschritten hat, ist die Sachlage zu der Zeit, in der das Honorarversprechen erfolgt ist, maßgebend. Später erst eingetretene oder bekanntgewordene Umstände — z. B. besonders große, nicht vorausgesehene oder umgekehrt besonders leichte Erledigung der Sache — sind nicht in Betracht zu ziehen. Es kommt darauf an, ob das Honorar vom subjektiven Standpunkte des Notars aus an dem oben aufgeführten Zeitpunkte übermäßig war, Mügel A. 4 und Schulz A. 4 zu § 26 GO. Nach Zahlung des Honorars ist eine Zurückforderung wegen Übermaßes meiner Meinung nach nur ebenso wie bei der Schenkung gemäß § 814 BGB. zulässig, wenn der Zahlende nicht gewußt hat, daß er wegen des Übermaßes nicht zur Zahlung verpflichtet war. War ihm das Übermaß bekannt und hat er doch gezahlt, so schenkt er und darf nicht zurückfordern. Ebenso Mügel A. 4 zu § 26 GO.

4 Eine Ermäßigung oder ein Erlaß der Gebühren des Notars in anderen als den in § 26 GO. aufgeführten Fällen ist zulässig, insofern Ermäßigung oder Erlaß auf einer sittlichen Pflicht beruhen oder einer auf den Anstand zu nehmenden Rücksicht entsprechen, z. B. Freunden, Verwandten, Kollegen, Armen, Angestellten oder früheren Angestellten gegenüber, A. 1 zu § 1 GO.

5 Die vereinbarte Vergütung deckt die gesamte Tätigkeit des Notars, so daß die Erhebung etwaiger dem Notar ausnahmsweise gemäß § 20 GO. zustehender Schreibgebühren oder Porti und barer Auslagen ausge-

schlossen ist, falls nicht das Gegenteil ausdrücklich vereinbart wird, Mügel A. 5 zu § 26 GO.

6 Für eine dem Notar vom Gerichte übertragene Auseinandersetzung ist eine Vereinbarung unzulässig.

§ 27.

22. Schlußbestimmungen.

(1) Dieses Gesetz tritt am 1. Dezember 1922 in Kraft und findet auf alle zu diesem Zeitpunkte noch nicht beendigten Geschäfte, auch hinsichtlich der bereits geleisteten Arbeiten, Anwendung.

(2) Im Bezirke des Oberlandesgerichts zu Köln und der Landgerichte zu Düsseldorf, Elberfeld, Cleve, Crefeld, München-Gladbach bleiben für die Ausfertigungen und beglaubigten Abschriften der vor dem 1. Oktober 1895 aufgenommenen Urkunden, für ein nach den bisherigen Vorschriften zu erledigendes gerichtliches Teilungsverfahren oder Gütertrennungsverfahren sowie in Ansehung der dem Grundbuchrechte noch nicht unterliegenden Grundstücke für die Anzeige der Hypothekenbestellung an den Versicherer, für Schuld- und Pfandverschreibungen, für die Anfertigung des Bordereaus und für die Besorgung und Prüfung des Hypothekenauszugs die bisherigen Kostenvorschriften in Kraft.

1 Nach dieser Gebührenordnung sind sämtliche am 1. Dez. 1922 noch nicht beendeten Geschäfte des Notars, auch die nach älteren Vorschriften vorzunehmenden, z. B. eidesstattliche Erklärungen für Erbeslegitimationsatteste des alten Rechts, Erbauseinandersetzungen nach altem Rechte, mit alleiniger Ausnahme der in Abs. 2 aufgeführten, abzugelten.

Für die „Beendigung" des Geschäfts gilt das in A. 1 zu § 19 GKG. über die Beendigung der Notariatsgeschäfte Gesagte.

2 Der 1. Okt. 1895 ist der Tag des Inkrafttretens der GO. in ihrer ersten Fassung.

§ 28.

Der Justizminister ist mit der Ausführung dieser Gebührenordnung beauftragt.

A. Kostentabelle.

Lfd. Nr.	Wertstufe Goldmark (einschl.)	10/10	20/10	15/10	5/10	2/10	1/10
		Goldmark					
1	bis 50	2,—	4,—	3,—	2,—	2,—	2,—
2	über 50 „ 100	3,—	6,—	4,50	2,—	2,—	2,—
3	„ 100 „ 200	4,—	8,—	6,—	2,—	2,—	2,—
4	„ 200 „ 300	5,—	10,—	7,50	2,50	2,—	2,—
5	„ 300 „ 500	6,—	12,—	9,—	3,—	2,—	2,—
6	„ 500 „ 1 000	8,—	16,—	12,—	4,—	2,—	2,—
7	„ 1 000 „ 1 500	10,—	20,—	15,—	5,—	2,—	2,—
8	„ 1 500 „ 2 000	12,—	24,—	18,—	6,—	2,40	2,—
9	„ 2 000 „ 2 500	14,—	28,—	21,—	7,—	2,80	2,—
10	„ 2 500 „ 3 000	16,—	32,—	24,—	8,—	3,20	2,—
11	„ 3 000 „ 3 500	18,—	36,—	27,—	9,—	3,60	2,—
12	„ 3 500 „ 4 000	20,—	40,—	30,—	10,—	4,—	2,—
13	„ 4 000 „ 5 000	22,—	44,—	33,—	11,—	4,40	2,20
14	„ 5 000 „ 6 000	24,—	48,—	36,—	12,—	4,80	2,40
15	„ 6 000 „ 7 000	26,—	52,—	39,—	13,—	5,20	2,60
16	„ 7 000 „ 8 000	28,—	56,—	42,—	14,—	5,60	2,80
17	„ 8 000 „ 9 000	30,—	60,—	45,—	15,—	6,—	3,—
18	„ 9 000 „ 10 000	32,—	64,—	48,—	16,—	6,40	3,20
19	„ 10 000 „ 12 000	36,—	72,—	54,—	18,—	7,20	3,60
20	„ 12 000 „ 14 000	40,—	80,—	60,—	20,—	8,—	4,—
21	„ 14 000 „ 16 000	44,—	88,—	66,—	22,—	8,80	4,40
22	„ 16 000 „ 18 000	48,—	96,—	72,—	24,—	9,60	4,80
23	„ 18 000 „ 20 000	52,—	104,—	78,—	26,—	10,40	5,20
24	„ 20 000 „ 22 000	56,—	112,—	84,—	28,—	11,20	5,60
25	„ 22 000 „ 24 000	60,—	120,—	90,—	30,—	12,—	6,—
26	„ 24 000 „ 26 000	64,—	128,—	96,—	32,—	12,80	6,40
27	„ 26 000 „ 28 000	68,—	136,—	102,—	34,—	13,60	6,80
28	„ 28 000 „ 30 000	72,—	144,—	108,—	36,—	14,40	7,20
29	„ 30 000 „ 35 000	80,—	160,—	120,—	40,—	16,—	8,—
30	„ 35 000 „ 40 000	88,—	176,—	132,—	44,—	17,60	8,80

Lfd. Nr.	Wertstufe Goldmark	10/10	20/10	15/10	5/10	2/10	1/10
		Goldmark					
	(einschl.)						
31	über 40 000 bis 50 000	100,—	200,—	150,—	50,—	20,—	10,—
32	„ 50 000 „ 60 000	112,—	224,—	168,—	56,—	22,40	11,20
33	„ 60 000 „ 70 000	124,—	248,—	186,—	62,—	24,80	12,40
34	„ 70 000 „ 80 000	136,—	272,—	204,—	68,—	27,20	13,60
35	„ 80 000 „ 90 000	148,—	296,—	222,—	74,—	29,60	14,80
36	„ 90 000 „ 100 000	160,—	320,—	240,—	80,—	32,—	16,—
37	„ 100 000 „ 110 000	172,—	344,—	258,—	86,—	34,40	17,20
38	„ 110 000 „ 120 000	184,—	368,—	276,—	92,—	36,80	18,40
39	„ 120 000 „ 130 000	196,—	392,—	294,—	98,—	39,20	19,60
40	„ 130 000 „ 140 000	208,—	416,—	312,—	104,—	41,60	20,80
41	„ 140 000 „ 150 000	220,—	440,—	330,—	110,—	44,—	22,—
42	„ 150 000 „ 160 000	232,—	464,—	348,—	116,—	46,40	23,20
43	„ 160 000 „ 170 000	244,—	488,—	366,—	122,—	48,80	24,40
44	„ 170 000 „ 180 000	256,—	512,—	384,—	128,—	51,20	25,60
45	„ 180 000 „ 190 000	268,—	536,—	402,—	134,—	53,60	26,80
46	„ 190 000 „ 200 000	280,—	560,—	420,—	140,—	56,—	28,—
47	„ 200 000 „ 210 000	292,—	584,—	438,—	146,—	58,40	29,20
48	„ 210 000 „ 220 000	304,—	608,—	456,—	152,—	60,80	30,40
49	„ 220 000 „ 230 000	316,—	632,—	474,—	158,—	63,20	31,60
50	„ 230 000 „ 240 000	328,—	656,—	492,—	164,—	65,60	32,80
51	„ 240 000 „ 250 000	340,—	680,—	510,—	170,—	68,—	34,—
52	„ 250 000 „ 260 000	352,—	704,—	528,—	176,—	70,40	35,20
53	„ 260 000 „ 270 000	364,—	728,—	546,—	182,—	72,80	36,40
54	„ 270 000 „ 280 000	376,—	752,—	564,—	188,—	75,20	37,60
55	„ 280 000 „ 290 000	388,—	776,—	582,—	194,—	77,60	38,80
56	„ 290 000 „ 300 000	400,—	800,—	600,—	200,—	80,—	40,—
57	„ 300 000 „ 310 000	412,—	824,—	618,—	206,—	82,40	41,20
58	„ 310 000 „ 320 000	424,—	848,—	636,—	212,—	84,80	42,40
59	„ 320 000 „ 330 000	436,—	872,—	654,—	218,—	87,20	43,60
60	„ 330 000 „ 340 000	448,—	896,—	672,—	224,—	89,60	44,80
61	„ 340 000 „ 350 000	460,—	920,—	690,—	230,—	92,—	46,—
62	„ 350 000 „ 360 000	472,—	944,—	708,—	236,—	94,40	47,20
63	„ 360 000 „ 370 000	484,—	968,—	726,—	242,—	96,80	48,40
64	„ 370 000 „ 380 000	496,—	992,—	744,—	248,—	99,20	49,60
65	„ 380 000 „ 390 000	508,—	1016,—	762,—	254,—	101,60	50,80

Lfd. Nr.	Wertstufe Goldmark	10/10	20/10	15/10	5/10	2/10	1/10
		Goldmark					
	(einschl.)						
66	üb. 390 000 b. 400 000	520,—	1040,—	780,—	260,—	104,—	52,—
67	„ 400 000 „ 410 000	532,—	1064,—	798,—	266,—	106,40	53,20
68	„ 410 000 „ 420 000	544,—	1088,—	816,—	272,—	108,80	54,40
69	„ 420 000 „ 430 000	556,—	1112,—	834,—	278,—	111,20	55,60
70	„ 430 000 „ 440 000	568,—	1136,—	852,—	284,—	113,60	56,80
71	„ 440 000 „ 450 000	580,—	1160,—	870,—	290,—	116,—	58,—
72	„ 450 000 „ 460 000	592,—	1184,—	888,—	296,—	118,40	59,20
73	„ 460 000 „ 470 000	604,—	1208,—	906,—	302,—	120,80	60,40
74	„ 470 000 „ 480 000	616,—	1232,—	924,—	308,—	123,20	61,60
75	„ 480 000 „ 490 000	628,—	1256,—	942,—	314,—	125,60	62,80
76	„ 490 000 „ 500 000	640,—	1280,—	960,—	320,—	128,—	64,—
77	„ 500 000 „ 510 000	652,—	1304,—	978,—	326,—	130,40	65,20
78	„ 510 000 „ 520 000	664,—	1328,—	996,—	332,—	132,80	66,40
79	„ 520 000 „ 530 000	676,—	1352,—	1014,—	338,—	135,20	67,60
80	„ 530 000 „ 540 000	688,—	1376,—	1032,—	344,—	137,60	68,80
81	„ 540 000 „ 550 000	700,—	1400,—	1050,—	350,—	140,—	70,—
82	„ 550 000 „ 560 000	712,—	1424,—	1068,—	356,—	142,40	71,20
83	„ 560 000 „ 570 000	724,—	1448,—	1086,—	362,—	144,80	72,40
84	„ 570 000 „ 580 000	736,—	1472,—	1104,—	368,—	147,20	73,60
85	„ 580 000 „ 590 000	748,—	1496,—	1122,—	374,—	149,60	74,80
86	„ 590 000 „ 600 000	760,—	1520,—	1140,—	380,—	152,—	76,—
87	„ 600 000 „ 610 000	772,—	1544,—	1158,—	386,—	154,40	77,20
88	„ 610 000 „ 620 000	784,—	1568,—	1176,—	392,—	156,80	78,40
89	„ 620 000 „ 630 000	796,—	1592,—	1194,—	398,—	159,20	79,60
90	„ 630 000 „ 640 000	808,—	1616,—	1212,—	404,—	161,60	80,80
91	„ 640 000 „ 650 000	820,—	1640,—	1230,—	410,—	164,—	82,—
92	„ 650 000 „ 660 000	832,—	1664,—	1248,—	416,—	166,40	83,20
93	„ 660 000 „ 670 000	844,—	1688,—	1266,—	422,—	168,80	84,40
94	„ 670 000 „ 680 000	856,—	1712,—	1284,—	428,—	171,20	85,60
95	„ 680 000 „ 690 000	868,—	1736,—	1302,—	434,—	173,60	86,80
96	„ 690 000 „ 700 000	880,—	1760,—	1320,—	440,—	176,—	88,—
97	„ 700 000 „ 710 000	892,—	1784,—	1338,—	446,—	178,40	89,20
98	„ 710 000 „ 720 000	904,—	1808,—	1356,—	452,—	180,80	90,40
99	„ 720 000 „ 730 000	916,—	1832,—	1374,—	458,—	183,20	91,60
100	„ 730 000 „ 740 000	928,—	1856,—	1392,—	464,—	185,60	92,80

Lfd. Nr.	Wertstufe Goldmark	10/10	20/10	15/10	5/10	2/10	1/10
		Goldmark					
	(einschl.)						
101	üb. 740 000 b. 750 000	940,—	1880,—	1410,—	470,—	188,—	94,—
102	„ 750 000 „ 760 000	952,—	1904,—	1428,—	476,—	190,40	95,20
103	„ 760 000 „ 770 000	964,—	1928,—	1446,—	482,—	192,80	96,40
104	„ 770 000 „ 780 000	976,—	1952,—	1464,—	488,—	195,20	97,60
105	„ 780 000 „ 790 000	988,—	1976,—	1482,—	494,—	197,60	98,80
106	„ 790 000 „ 800 000	1000,—	2000,—	1500,—	500,—	200,—	100,—
107	„ 800 000 „ 810 000	1012,—	2024,—	1518,—	506,—	202,40	101,20
108	„ 810 000 „ 820 000	1024,—	2048,—	1536,—	512,—	204,80	102,40
109	„ 820 000 „ 830 000	1036,—	2072,—	1554,—	518,—	207,20	103,60
110	„ 830 000 „ 840 000	1048,—	2096,—	1572,—	524,—	209,60	104,80
111	„ 840 000 „ 850 000	1060,—	2120,—	1590,—	530,—	212,—	106,—
112	„ 850 000 „ 860 000	1072,—	2144,—	1608,—	536,—	214,40	107,20
113	„ 860 000 „ 870 000	1084,—	2168,—	1626,—	542,—	216,80	108,40
114	„ 870 000 „ 880 000	1096,—	2192,—	1644,—	548,—	219,20	109,60
115	„ 880 000 „ 890 000	1108,—	2216,—	1662,—	554,—	221,60	110,80
116	„ 890 000 „ 900 000	1120,—	2240,—	1680,—	560,—	224,—	112,—
117	„ 900 000 „ 910 000	1132,—	2264,—	1698,—	566,—	226,40	113,20
118	„ 910 000 „ 920 000	1144,—	2288,—	1716,—	572,—	228,80	114,40
119	„ 920 000 „ 930 000	1156,—	2312,—	1734,—	578,—	231,20	115,60
120	„ 930 000 „ 940 000	1168,—	2336,—	1752,—	584,—	233,60	116,80
121	„ 940 000 „ 950 000	1180,—	2360,—	1770,—	590,—	236,—	118,—
122	„ 950 000 „ 960 000	1192,—	2384,—	1788,—	596,—	238,40	119,20
123	„ 960 000 „ 970 000	1204,—	2408,—	1806,—	602,—	240,80	120,40
124	„ 970 000 „ 980 000	1216,—	2432,—	1824,—	608,—	243,20	121,60
125	„ 980 000 „ 990 000	1228,—	2456,—	1842,—	614,—	245,60	122,80
126	„ 990 000 „ 1000000	1240,—	2480,—	1860,—	620,—	248,—	124,—
	mit je 10 000 Goldmark steigend um.	12,—	24,—	18,—	6,—	2,40	1,20

B. Tabelle

zu § 6 des Preußischen Stempelsteuergesetzes vom 30. Juni 1909 (vergl. § 20 Nr. 5 GKG. und A. 6 zu diesem)

über den gegenwärtigen Kapitalwert einer Rente oder Nutzung im Werte von 1 Mark auf eine bestimmte Anzahl von Jahren behufs Berechnung der davon zu entrichtenden Stempelsteuer.

Anzahl der Jahre	Kapitalwert ℳ	₰	Anzahl der Jahre	Kapitalwert ℳ	₰	Anzahl der Jahre	Kapitalwert ℳ	₰	Anzahl der Jahre	Kapitalwert ℳ	₰
1	1	0,0	23	15	45,1	45	21	54,9	67	24	12,2
2	1	96,2	24	15	85,7	46	21	72,0	68	24	19,4
3	2	88,6	25	16	24,7	47	21	88,5	69	24	26,4
4	3	77,5	26	16	62,2	48	22	4,3	70	24	33,0
5	4	63,0	27	16	98,3	49	22	19,5	71	24	39,5
6	5	45,1	28	17	33,0	50	22	34,2	72	24	45,6
7	6	24,2	29	17	66,3	51	22	48,2	73	24	51,6
8	7	0,2	30	17	98,4	52	22	61,8	74	24	57,3
9	7	73,3	31	18	29,0	53	22	74,8	75	24	62,8
10	8	43,5	32	18	58,9	54	22	87,3	76	24	68,0
11	9	11,1	33	18	87,4	55	22	99,3	77	24	73,1
12	9	76,0	34	19	14,8	56	23	10,9	78	24	78,0
13	10	38,5	35	19	41,1	57	23	22,0	79	24	82,7
14	10	98,6	36	19	66,5	58	23	32,7	80	24	87,2
15	11	56,3	37	19	90,8	59	23	43,0	81	24	91,5
16	12	11,8	38	20	14,3	60	23	52,8	82	24	95,7
17	12	65,2	39	20	36,8	61	23	62,4	83	24	99,7
18	13	16,6	40	20	58,5	62	23	71,5	84	25	0,0
19	13	65,9	41	20	79,3	63	23	80,3	und mehr.		
20	14	13,4	42	20	99,3	64	23	88,7			
21	14	59,0	43	21	18,6	65	23	96,9			
22	15	2,9	44	21	37,1	66	24	4,7			

Sachregister.

(Die Zahlen bedeuten die Seiten.)

W = Wert der Gegenstände. G = Gebühr.

T.

U.

V.

Druck von Otto Walter in Berlin S 14, Kommandantenstraße 44a.

Kolibri 360 GmbH
Ferdinand-Jühlke-Straße 7
99095 Erfurt, Deutschland
produktsicherheit@kolibri360.de